東大教授が教える独学勉強法

柳川範之

草思社文庫

はじめに

独学と聞くと、みなさんはどんなイメージを持たれるでしょうか。少し難しそうと感じる人もいるかもしれません。でも、実際は、そんなに大変なことでも、難しいことでもないのです。独学は、これからの学び方の基本になってくるコンセプトであり、生活をより豊かにしてくれるものです。なぜなら、これからは自ら学び、自分で考えを深めていくことが求められる時代だからです。

本文の中でも何度か強調しているように、学び方というのは、実は、人によってずいぶんタイプが異なっています。最初の段階では理解するのに、とても時間がかかる人もいます。でも、だからといって、その人に理解力がないとは、けっして限らないのです。むしろ最初の段階で理解が速かった人よりも、ずっと深い理解ができる場合もたくさんあります。また、テキスト等にも相性があって、多くの人が名著だと言っている本でも合わない人はいて、別の本で勉強したほうがずっとわかる場合も多いのです。

だから、それぞれの人が、自分のタイプや個性に応じて、自分のペースで学んでいくことがとても大切なのです。そして、そうやって主体的に学び、自分の頭で考えていけることが独学の醍醐味です。

でも、難しく大げさに考える必要もありません。身近な関心がありそうなことから、少しずつはじめることができ、またいつでも後戻りしたり、方向転換することができるのも、独学の特徴だからです。

この本を手に取られた方の中には、例えば資格取得のために何かを勉強したいと強く思っている方もいるかもしれませんし、もう勉強なんてこりごりだと思っている方もいるかもしれません。いずれの場合でも、かなりの方が、今までに学校で学んだ経験を思い出して、勉強は苦しくて嫌なものだと思っていることが多く、それはとても残念で、もったいないことです。

この本では、そういう勉強とは、まったく違う勉強を紹介したいと思っています。何かを学ぶというのは、人に強制されるものではなく、自分が知りたいことを知り、自分の頭で考えることです。それは、本来、かなり楽しいことのはずです。

そして独学というのは、ある意味では、新しい未来の扉を開いてくれるカギです。進路を変更したい、職場を替えたい、生き方を変えてみたい、そんなことを考えている人は、きっと多いと思います。そんな人にこそ、独学がおすすめです。自分から何かを変え、将来の方向転換を行っていくには、自らそのために必要なことを学んで、自分の頭で考えていくことが、とても有効だからです。

なぜ、そんなに自信を持って言えるのかといえば、それは私自身が、ほとんど独学でここまで過ごしてきたからです。

私は、中学校こそ、日本の公立中学校を卒業しましたが、その後は、ほとんど独学で学んできました。高校にもまったく行っていません。本来高校に行っているはずの年齢のときには、銀行員だった父親の転勤でブラジルに住んでいました。ブラジルはポルトガル語が公用語でしたので、現地の学校にも行かず（というより、行けず）、日本から参考書や教科書を大量に買い込んでいって、自分で勉強をしていました。とはいえ、実際には、リオデジャネイロのビーチで遊んでいたりと、あまり勉強していなかった気がしますが。

その後、日本に帰国して大学入学資格検定（大検）試験を受けたあと、今度は父親がシンガポール勤務になったので一緒にシンガポールに行き、慶応義塾大学経済学部の通信教育課程をそこで受けることにしました。

慶応大学の通信教育課程は、（今は多少難しくなっているようですが）ほぼフリーパスの書類審査で入学が許され、その代わり科目試験等が厳しく卒業するのが大変というシステムでした。

ですから、私は、大学入試もまったく受けたことがありません。自分の偏差値が一体いくつだったのかすら、模試を受けたことも予備校に行ったこともないので、まったくわからないのです。それなのに、今は大学で教えているというのは、何だかとても不思議な感じがします。

実は、シンガポールに住むのはこのときが二度目でした。小学4年から中学1年の間、やはり親の勤務の都合でシンガポールに住んでいたことがあります。そんな子どものころの経験が、こうやって海外で独学をすることになった遠因になっている気もします。

小学校のときには、シンガポールの日本人学校に通っていましたので、純粋な意味では、独学ではありませんでした。でも、その当時のシンガポールは今とはかなり違って、まだ日本人も少なく、校舎はイギリス軍の元兵舎を使っていました。今のように、日本のものが何でも手に入るという環境ではなく、当然塾もありませんでしたから、自分で何でも判断し自分で勉強するクセは、普通の日本の小学生よりはついていたのかもしれません。そして、それが、二度目のシンガポールでも、独学をすることにつながっていったようにも思います。

とはいえ、今のようなインターネット環境もなく、日本の図書館もない海外で、大学の通信教育を受けるのはなかなか大変でした。テキストの内容をマスターするのにかなり苦労した覚えがあります。でも、そのころのいろいろな工夫が、その後の大学院での勉強や研究生活に大いに役立っている気がします。学者の研究なんて、自分で新しい勉強をしていかなければならないという意味では、ほぼ独学の勉強ですから。

慶応大学の通信教育を受けはじめたころ、私の志望は公認会計士になることでした。できれば、日本とアメリカの会計士資格が取れればと考え、そのための勉強もしていました。けれども、途中からその中でも経済学の勉強がおもしろくなってきてしまい、方向転換をして、経済の大学院に進むことにし、それで今日に至っています。

このように私の経歴は普通とはだいぶ違っていますが、だからといって、この本は、私のように学校に行かない生活を推奨しているわけではありません。学校に通っているかどうかは重要なポイントではないですし、人に教わったら独学ではないというわけでもありません。大事なことは、自分で考えて自分で学ぶ姿勢を持つことだと思います。

私が自分の体験の話をすると、ときどき「そういえば、自分も実質独学でやってきたようなものだな」という返事をしてくれる人もいます。確かにそうなんだと思います。実際にはいろいろな形で、独学で知識や技術を身につけているケースは多いのです。そして、そのほうがきっと、ずっと身についているのです。

ただし、主体的に学ぼうと思っても、どうやって勉強したらいいのか、よくわからない人も多いと思います。日本の学校では、実は、あまり学び方を教えてはくれないからです。本当は、中身だけでなく、勉強というのはどうやってするものなのか、という学び方をもっとマスターする必要があります。そうすれば、独学はずっと楽しく、ずっと実りあるものになるはずです。この本では、そんな学び方を、できるだけていねいに解説していきたいと思っています。

本書を書きあげるにあたっては、草思社の吉田充子さんに、大変お世話になりました。吉田さんの熱い思いがなければ、本書はとても完成しなかったと思いますし、吉田さんの鋭い問題意識が本書の土台になっています。共著者と言っても過言ではない働きをしてくださった、吉田充子さんに深く感謝したいと思います。

2014年6月

柳川範之

東大教授が教える独学勉強法◉目次

第3章 勉強をはじめる前にやっておきたいこと

第1章 新しい「勉強」が必要とされる時代

なぜ人は勉強するのか?

そもそも、私たちは何のために勉強をするのでしょうか。

私なりに考えてみると、それは生きていくための知恵を身につけるためだと思います。知恵というのは、ちょっとわかりにくいかもしれませんが、例えば、人間が生きていくには、選択を迫られる場面が何度も出てきます。そういう場面において、「少し自信を持って決められるようになる」というのが本来の勉強の目的であり成果だと思います。

もちろん、本当に何が正しいかというのは、勉強してもわからないのですが、それでも、自分の中で少しでも納得したり、自信を持って選んだり決めたりできるようにはなると思うのです。

これまでは、勉強の目的というと、何か役に立つ知識や情報を覚えるためというのが大部分の人の考え方でした。実際に、勉強といえば、何かを覚えるための作業が圧倒的に多かったのですが、最近になってこうした「知識や情報を覚える」という比重がどんどん下がっているように思います。

それには、モバイル機器が発達してインターネットがいつでも使えるようになったことが大きく影響しています。モバイル機器が手元になかったころは、人よりも知識や情報を持っているということだけで、優位に立てましたし、偉そうにもできました。

でも、今では誰もが、その場でネットで検索をしたり調べたりすることができ、すぐに情報や知識を得られるようになりました。その結果、何かを詳しく知っていることの有利性は大きく低下しています。

例えば、明治時代には、船で何ヵ月もかけてヨーロッパに留学をして、洋書を持って帰ってくるだけで偉い学者になれたという例がよくありました。極端な話、持って帰った洋書を翻訳しようものなら、それだけで一生食べていけるという時代があったのです。

ところが、それが船便や航空便で洋書が手に入るようになって、翻訳だけでは食べていけない時代がやってきました。さらにここ数年になって、ネットを使えば瞬時に海外の事情もわかり、海外の論文や本もその場で見られるようになっています。そうなると、その洋書を持っていたり、その本を読んだということの価値というのは、どんどんと下がってしまうのです。

勉強の本質は「考えること」

しかし、ここで大事なポイントは、ネットやモバイル機器が発達したことで、勉強の形は変化していますが、勉強の本質が変わったわけではないということです。これまでも、ただ知識を持っていただけでは、意味のあるものにはなっていませんでした。問題はその先に求められているもの、つまり、得た知識や情報を使って、何かを決めたり、選んだりするときにどう役立てるかという点にあったはずです。

ですから、勉強の本質は昔も今も、究極的な目的はあまり変わっていないのです。昔はそのために持っておくべき知識のウエイトが非常に高かったけれども、今は、ネットのおかげで知識の比重が軽くてすむようになったというわけです。

その分だけ、逆に、玉石混淆《こんこう》の情報が氾濫しています。その中で、何か選択を迫られたときにどう判断すればよいか、深く考えることの重要性のウエイトが高まってきています。

いわば勉強において本質的に大事だった、深く考えて「選ぶ」「決める」ということが、主役としてクローズアップされてくる時代になったと言えます。

おそらく、そこまでの変化はまだ顕在化していないように思われるかもしれませんが、これからまもなく、さらに大きな価値観の転換期がやってくるのは間違いありません。この価値観の変化が与えるインパクトは、非常に大きいものとなるはずです。

これまで博学だけで生きてきたような人もいましたが、そうした人たちは時代の変化によって大きなダメージを受けることになるかもしれません。

勉強の仕方も大きく変化が求められていく可能性があります。学校や塾から与えられたコースに従って、ただ勉強して知識を集めて、詰め込んでいくだけでは、もはや通用しない時代になるはずです。

これからは、自分の頭で考え、自分自身で判断する力をつけるための勉強が求められる時代になるのです。そして、そのための有効な手段の一つが「独学」だと私は思っています。

学問を身につけた人は、情報に振り回されない

ネットの普及によって、私たちのまわりにはさまざまな情報が、洪水のように押し寄せてくるようになりました。ただ情報を見ているだけでも、膨大な時間が費やされていきますが、すべての情報を受け入れることは不可能です。

押し寄せてくる情報の中から、私たちは結局のところ、自分が使う情報を選択しなければなりません。それができなければ、情報に振り回されてしまうし

かありません。

そのことを多くの人が実感したのは、東日本大震災直後の、原発事故に関する情報だったのではないでしょうか。放射能に関する情報がメディアだけでなくネットに氾濫しましたが、正反対の主張をする書き込みも多く、どの情報を信じてよいか、混乱した人が多かったと思います。私自身も、もっとそれらの情報をしっかり選び取る力がほしいと思いました。そうした状況から見ても、考える力や選ぶ力というものが、ますます重要になっていることがわかります。

情報を選ぶには、そのための基準が必要です。その基準を与えてくれるのが学問です。ほとんどの学問は実はそのためにあるんだと思います。情報をうまく選ぶための基準を与えてくれるのが学問であり、ここに学問を学ぶ基本的な理由があるのです。

経済学を例にとって説明しましょう。

経済学の世界には、為替や景気、インフレといった用語があり、最低限そうした意味くらいは知識として知っておく必要はあります。ただ、何か経済関係の具体的な情報があったときに、それを自分の身近なところ——例えば自分の仕事にどう生かせばよいのか、自分の仕事にどう関係しているかということを理解するには、それなりの理論が必要です。

理論がわかっているのとわかっていないのとでは、同じように新聞から入手した情報であっても、仕事にどう役に立つかという点でまったく違ってきます。けっして、新聞やネットの記事をたくさん読んだからわかるという話ではありません。ある情報と、自分の行動や将来の自分のやり方を結びつけるには理論が必要です。そうした理論を提供するところに、経済学や政治学の重要性があるわけです。ですから、同じ経済ニュースを聞いたとしても、学問を身につけた人とそうでない人とでは対処がかなり違ってくるはずです。

せっかく経済学を学ぶのなら、株価が上がったというニュースを読んで、「ふーん」というだけで終わるのはもったいないですし、自分の仕事や生活にどう関係するのかを考えて、何らかの対処をして人生に生かしてこそ、学ぶ意義が出てくるのではないかと思います。

これは経済学に限りません。ビジネスや実生活に結びつきにくいように思われている歴史の話でも同じことです。はたして、歴史は何のために学ぶのでしょうか。なかには過去に誰が何をしたのかということを知って、知識を得ることが楽しいという人もいるでしょう。でも、歴史をわざわざ学ぶ目的はということ、歴史を学んだことでそれを現代に生かすことだと思うのです。もちろん、過去と将来とでまったく同じ状況になるわけではありませんし、戦国武将の置かれている立場と現代に普通に暮らしている主婦の方とでは、置かれている環境はまったく違うものです。

それでも、何か決断を迫られたときや、苦しい状況になったときに、過去の人たちがどのような対処をしたか、あるいはどのように歴史が動いていったのかを、時間をかけて学ぶことで、自分のこれからの生活に、何かメッセージやヒントが得られれば、それが歴史を学ぶ意義ではないでしょうか。以前、ライフネット生命の出口治明元会長が、『仕事に効く教養としての「世界史」』（祥伝社）という本を出されて話題になりましたが、あの本も同様のコンセプトで書かれている歴史の本だと思います。

単純に事実を知っておしまいというのでは、あまり学ぶ意欲が続かないかもしれませんが、広い意味で、大きな意味で、自分の人生に役に立つ、人生が豊かになっていくのにプラスになるという学び方が、良い学びだと思います。

答えのある問いから答えの無い問いへ

ところが、受験勉強はもちろん、中学や高校の通常の勉強でも、なかなかそういったことに気づくチャンスはありません。

いわば、高校までの勉強というのは、必ずどこかに正解がありました。受験勉強もまた、正解か不正解かしかない世界です。「こういう問題が出たらこうやって解け」「こんな問題ならこういうロジックを使えばいい」というように、どんどんとパターン化して、ある意味で「考えずに問題を解けるようになる」テクニックを身につける勉強が大部分を占めます。でも、そんなことばかりしていては、当然のことながら、学ぶということと、自分が人生で選択していくこととに結びつきがあるようにはとても感じられないでしょう。人生と学問が無関係の別々のものになっているから、大学に入ると、何を学べばいいかわからなくなってしまったり、学ぶことが楽しくないし、意義を見出せないのではないかと思うのです。

日本の教育ではおそらく、小学校から高校まで、そうしたパターンで勉強してきた人が多いかと思います。

教科書や参考書をつくるとき、正解が書かれていない問題があると、読者に非常に嫌われます。というのも、読者は自分が出した答えが正解かどうかを、確かめたいという気持ちがあるようで、本を探せばどこかに答えがあって、自分の解答が正解なのか誤りなのかを示してくれることを期待しているのでしょう。答え合わせをして、勉強を完結するクセがついてしまっているのだと思うのです。

しかし、実際には深く勉強していけばいくほど、正解がないというケースがあちこちに出てきます。学者が研究している問題のほとんどは、はっきりした答えというものはありません。誰も歩いていないところを切り開いて歩いてみて、何か新しい「答え」を発見してこそ学者としての業績になるからです。もちろんその「答え」はあくまで、その人なりの答えであって、正解とは限らない。

学問に限らず、世の中のほとんどのことについて、何が正解なのかよくわかっていないのです。だから、仕事においても、生活においても、本当に重要なのは、正解のない問題にぶつかったときに、自分なりに答えを出そうとして考えていくことだと思うのです。

ところが、正解か不正解かがはっきりしている勉強に慣れきってしまうと、いきなり社会に出て、正解のない問題に直面して戸惑ってしまうことになります。そして、それまでの勉強のパターンが通用しないために、「学校で勉強したことは、何にも役に立たない」となってしまうわけです。

私も一緒に書いた『決断という技術』（日本経済新聞出版社）という本の中で、

ロンドン在住だった水野弘道氏（現在ＧＰＩＦ）が、イギリスの中学校での歴史教育についておもしろい話をしています。例えば、８世紀の農家の記録として、農家の日記、領主の記録、後世にオックスフォード大学の先生が書いた教科書を見せて、どの文献がより正確だと思うか、理由を説明せよ、という問題が出るんだそうです。この問題には、いわゆる「正解」はないのです。どれもある意味、不十分な資料を用いて考えさせるところに教育の重点があります。

生き残るためには応用力と独創力を身につけよ

日本ではとくに困ったことに、社会に出てからも、答えのある勉強が続く場合がしばしばです。会社へ入っても、資格試験を受けろだの昇進試験を受けろだのと言われて、答えのある勉強も続けなくてはなりません。

でも考えようによっては、答えのある勉強に追われる環境だからこそ、そうでない勉強をきちんとしていくかどうかで差がつくのだと私は思います。

私がそう考えるもう一つの理由は、コンピューター技術の急速な進歩を背景として生じている、経済環境の大きな変化があります。すでに、コンピューターはチェスの名人も打ち負かし、あれだけ複雑な将棋や囲碁の世界においても、最高水準のプロ以上の成績を残せるようになりました。

個人的には、膨大な数のコンピューターを動かさないと勝つことのできないプロ棋士というのは、どれだけ素晴らしい頭脳かという感想を持っています。でも、将棋のように選択肢が有限である限り、基本的にはパターン処理と計算能力を向上させていけば、コンピューターのほうが上回るときがくるでしょう。選択肢が有限の問題である限り、それがいくら複雑な作業であっても、コンピューターの能力が高まっていけば、いつかはコンピューターのほうが速く正確に処理できるようになるでしょう。これは、仕事でも同じことが起こると思うのです。そのときがくれば、パターン処理の能力がいくら高い人であっても、あまり役に立たなくなってしまいます。

つまり、コンピューターにできることをしている限り、やがてはコンピューターに置き換わってしまうのです。

これからの時代に人間が生き残ろうとしたら、コンピューターにできない能力を磨いていかなければなりません。それが、応用力であり、独創力であると私は考えています。それを養っていくことがこれからの社会では必要で、そのための勉強をする余地はまだまだあると思うのです。別の言い方をすれば、そういう勉強をしていくことで、コンピューターに負けず活躍していける可能性が、まだまだ無限にあるのです。

勉強は加工業、自分の中での〝熟成〟が大事

勉強とは加工業のようなものではないかと思います。部品や素材を加工して自動車をつくるのと同じように、いろいろな知識や情報という材料を取り入れて、それを自分の中で加工して違った形、違ったアイディアにする。そして、それをほかの人たちに伝えたり、自分の日々の生活や仕事の決定に活かしたり

する。私の場合で言えば、論文の形になるか、学生に教える話になるかで、出てくる形は自動車とはだいぶ違いますが、でも加工をして何かを生み出しています。

加工するためには、素材になるさまざまな情報が必要ですし、頭の中に理論という設計図も必要となります。ただ、ありきたりの素材と設計図では、ありきたりのものしかできあがりません。ときには、自分の中にあるまったく違った引き出しから、情報や知識を引き出して、新たな結びつきや編集をしてみることも、思わぬ製品を生み出す原動力になります。独創的な発想もそこから、きっと生まれてきます。

学者に限らずどんな人でも、日々、情報を選んだり、編集したりという形で、情報を加工しています。直接的に何かを発信しなくても、自分の選択や判断、行動というのは、自分の中に取り入れた情報や知識や理論を加工した結果、出てきているのです。

その加工をする際、大切なのは、自分の中で「熟成させる」という過程です。

ここで「熟成させる」というのは、自分の中でしっかりその情報を吟味して、その意味を考え、自分のものにする作業です。それには多少の時間がかかりますが、私はこれが、学ぶことにおける一番大事なプロセスだと思っています。

とりわけ今は、新しい知識や情報というのは、ほうっておいても入ってくる時代です。あまりにいろいろな情報や知識が押し寄せてくるので、つい情報や知識を収集することに力を入れすぎて、「熟成」させることが（私自身も含めて）、おろそかになりがちです。

また、学んだことをすぐ活かせないといけないとか、すぐに行動を起こせないといけないとか、何か、社会全般が即席生産、促成栽培のようになっている気がするのです。

こういう時代だからこそ、相対的に大事になってくるのは、得られた情報や知識を自分の中でどう加工するかをじっくり考え熟成させることです。入ってきた情報を使って、じっくり時間をかけて考えたうえで、自分なりの考えを生み出し、行動に移すこと、それが大事ではないかと思うのです。まさに、そこに「独学」という、一人で行う勉強法の有効性と意義があると考えるわけです。

これからは自ら学び、自分の頭で考える時代

私は通常なら高校に行く年齢のときから、必要に迫られて独学をはじめました。日本で高校に通って受験勉強をするという選択肢もありましたが、父親の転勤先であるブラジルで生活しながら、高校には行かず独学で勉強することを選んだのです。

独学とは、言うまでもなく、学校や予備校などに行かずに一人で勉強することです。誰かに決められたカリキュラムもなければ、いつまでにどこまでを勉強するかもないので、すべて自分で決めていかなければなりません。

いわば、学校や塾の勉強が路線バスに乗っていくようなものだとすれば、ゴールを探して一人で歩きまわるのが独学の勉強です。

路線バスは目的地が最初から決められています。だから、それに乗れば最終

的にはそれなりのところに連れて行ってくれるというのが多くの人の考えです。

しかし、いつのまにか自分が思ってもみなかった場所に連れて行かれて、「あれ？　おかしいな」ということが起きる可能性もあります。また、道が混んでいても、途中でルート変更ができないため、とても時間がかかってしまう場合もあります。路線バスに乗るほうがいいとは、実は限らないのです。

もっとも、最初から自分の行き先など考えることなく、みんなが乗るからといって、来たバスに乗ったという人も多いかもしれません。

つまり、どこに自分が行きたいのかを考えて、そのためにはどういう勉強をしたらよいか自分で考える前に、大学受験だからといって予備校に行ったり、資格試験を受けるからといって専門の学校へ行ったりする人が、日本ではほとんどです。

おそらく、試行錯誤に対する恐れがあるのでしょう。自分一人で勉強すると、やる気が続かないかもしれないし、効率的に勉強が進まないかもしれない。もしかするとゴールが見つからなくてうろうろしてしまって、時間をロスしてしまうのではないか。そういったさまざまな心配が、独学にはついてまわるので、とにかく確実に行き先の決まったバスに乗ろうとしてしまう面もあると思います。

目的の決まった学校なり予備校に入って、余計なことを考えることなく、与えられたカリキュラムをこなしていけば、目的地まで連れて行ってくれるだろうと期待しているわけです。

しかし、そうした学校で教えてもらえるのは、あくまでも答えのある問題に対する解き方でしかありません。いくら一生懸命に○と×を見分けるテクニックを身につけても、世の中に出て直面する、答えのない問題には、ほとんど役に立たないのです。

その点、独学なら良くも悪くも試行錯誤がつきものです。自分の行く道を自分で探していくうちに、失敗もします。うろうろと同じ道を行ったり来たりするかもしれません。しかし、自分なりに考えて、道を選ぶことを繰り返すうちに、ある程度の失敗も恐れることがなくなり、「そんなものだ」と思えて腹をくることができるようになります。

そう思っても大丈夫なのが、独学のいいところだと私は思っています。試行錯誤をすることで、最初の段階では時間が多少は余計にかかるかもしれません。

でも、何よりも独学というのは、自分の頭で考えて、判断するという繰り返しの中で、知らないうちに、まわりに左右されずに生きていく力が身につくものだと思います。

とりわけ情報が氾濫し、ネットを介した人とのつながりがあまりに濃密すぎる時代だからこそ、そこから離れて、一人で勉強をしていく意味は高まっていると思います。

今も「独学」をしながら、うろうろと道に迷っている私ですが、試行錯誤を含めた「独学」の良さを、本書を通じてみなさんにお伝えできたらと思っています。

コラム　本書で身につけてほしい勉強について

みなさんが「勉強」と聞いてイメージするのは、大きく分けて次の二つのタイプではないでしょうか。

1．明確なゴールがある勉強（受験勉強や資格試験の勉強など）

2．教養を身につけるための勉強（趣味的な世界の勉強など）

それに対して、私が本書を通してみなさんに身につけてほしいと思うのは、次の第3のタイプの勉強です。

3．答えのない問いに自分なりの答えを見つける勉強

本来、大学で身につけるのが3の勉強です。言うなれば、3の勉強こそが本質的な勉強であり学問であると思います。

1の勉強は与えられたゴールがあり、2の勉強には明確なゴールはありません。それに対して3の勉強は自分で自分のゴールを設定するというのが大きな違いです。そして、学者や研究者だけでなく、世の中のビジネスパーソンも専業主婦の方も含めて、実はあらゆる人が3の勉強を日々行っていると考えることもできます。ビジネスの世界においても、どうやったら会社が成功するかなどについて明らかな正解などありません。そこで働いている人たちが、日々自分なりの答えを考えながら、働いているのではないでしょうか。ですから3のタイプの勉強を身につけておけば、「勉強は社会に出たら役に立たない」どころか、人生のあらゆるところで役に立つはずなのです。

もちろん、1、2の勉強が悪いというわけではありません。大切なのは、1、2の勉強をする場合も、3の勉強を念頭に置いて、やがては3に結びついていくのだという意識を持っておくことです。そうすれば、より能動的に深い勉強ができると思います。

第2章 なぜ独学が、一番身につく勉強法なのか

独学のメリット

最大のメリットは「自分のペース」で勉強できること

独学とは、自分が学びたいことを自分のペースで学び、考えていくことです。

その最大のメリットは、他人に合わせるのではなく、〝自分に合ったペース〟で勉強ができるということです。

そもそも、理解の速さや理解の順番は人によって大きく違います。同じことを理解するのに、1週間しかかからない人もいれば、半年かかる人もいます。

世間では、半年もかかる人は「できが悪い」と言われてしまいがちです。とくに日本では、すばやく理解できたり、速くマスターできる人のほうが、優秀で頭が良いと判断されることが多いように思います。しかし、これは大きな誤解です。

人によって理解のスピードに差があることは事実ですが、速いほうが、よりよく理解できているとは、まったく限らないからです。

もしかすると理解に半年かかる人のほうが、1週間でマスターした人よりもはるかに深く理解しているかもしれませんし、その先どんどんと、逆に理解のスピードが上がるかもしれないのです。

この点は、長年いろんな学生を指導してきて、強く実感していることでもあります。私はある程度定期的に、例えば2週間に一度という具合に期間を決めて、指導大学院生の進捗状況をチェックしアドバイスをしています。その際学生によって進捗のスピード感にずいぶんと違いが出ます。研究しているテーマがそれぞれ違うので、必ずしも平等には比べられないのですが、それを念頭に置いても、やはりスピード感が違っているのです。

例えば、「2週間後までに、論文で書きたいテーマを決めるように」と指示を出したとします。そうすると、2週間後には、かなり進んだレベルまできっちりと決めてくる学生もいれば、ぐずぐずしていてなかなかテーマが決まらない学生もいます。

普通の感覚でいくと、2週間後にきっちりテーマを決めて下調べもかなり進んでいるほうが、優秀な学生だなということになるでしょう。でも、実際はそうとも限らないのです。3ヵ月後になると、最初の2週間では一つも進んでいないように見えた学生のほうが、うまくいいテーマをきっちりと設定し、より進んだ形で提出してくることもよくあるのです。一方、最初の2週間でテーマを決めた学生のほうが、むしろ3ヵ月たった段階で足踏みをしてしまってあまり進まなかったということもあります。

大学入試や大学院入試を経てきた東大の院生ですから、理解のスピードや全体的な能力という点では比較的似ている人たちが揃っているはずです。それでも、実際に見ていると、人によって理解したり、考えを深めたりするスピード感がずいぶん違っていて、なおかつ速いほうが先に伸びるとは限らないことがよくわかります。

学者の中にも、とても頭の回転が速くスピード感にあふれた人がいる一方で、じっくりと地道に研究をして良い結果を残す人もいます。この点は、小説家をイメージするとよくわかるかもしれません。小説家の中には、とても多作で、1年に何冊も本を出す人もいる一方で、数年に1冊しか出さない人もいます。でも、だからといって、寡作だから小説の質が低いとか、逆に高いとも限らないでしょう。それは、それぞれの小説家のタイプに過ぎないからです。

ですから、人によって学び方のスピードに大きな差があるのは当然であり、そしてスピードの速さが理解の質とは必ずしも一致しないのです。この点は、とても大事なポイントです。

さらに言えば、どういう順番で勉強すれば頭に入るかというのも、人によって大きく違うのです。例えば、中学の数学では、方程式とそのグラフを教えます。通常は式を先に教えて、それをグラフに描く方法を教えるようですが、人によってはグラフで視覚的に把握してから方程式の解き方を学んだほうが理解できる人もいます。学ぶ順番も、それぞれ学ぶ人のクセやタイプに応じて、実は変えたほうがいいのです。

もっとも、そんなことを考えていると学校の勉強はうまく進みません。例えば、小学校でそれぞれの生徒の特徴に合わせて、スピードを変えたり教える順番を変えて授業をしていたのでは、収拾がつかなくなってしまうでしょう。ですから、しかたがないので、学校では誰もが同じカリキュラムで、同じスピードで、まるでベルトコンベアで流れていくように授業を受けるわけです。これは、小学校だけでなく、日本の中学、高校、大学に至るまで、共通しているのではないでしょうか。

そして、その講義や授業を聴いて、そのスピードや順番が合わずうまく理解ができないだけで、「ああ、自分はもう授業についていけないから頭が悪いんだ」と思ってしまうのです。これは、ひどくもったいないことです。

頭に入れておいてほしいのは、「自分は頭が悪いから」とか「勉強なんて向いていない」と思っている人も、実は理解のタイプが合わなかっただけかもしれない、いや、その場合がほとんどだということです。もう少しゆっくり時間をかけていれば、違う理解の仕方や、普通よりももっと深い理解の仕方ができた可能性が十分にあります。

ですから、勉強するうえで大切なことは、自分のタイプを知ることだと思います。そして、それに合った方法を見つけることです。

その点、独学では、周囲と自分を比較する必要もありませんし、何よりも周囲のペースに惑わされることもありません。何をどう勉強するかを、自分の興味や必要に応じて、自分のペースで自由に組み立てながら、自分の学びたいことが勉強できるのです。それが最大のメリットです。

自分の理解に合った教材を選べる

理解のスピードだけでなく、理解のパターンにも個人差があります。私は高校から大学の独学時代、参考書やテキストはいきなり1冊には絞らず、必ず何冊か目を通すようにしていました。なぜ何冊か読んだほうがいいかというと、理解のパターンには相性があって、この説明の仕方だとわからないけれど、別の説明の仕方をしてもらうとわかるということがしばしばあるからです。これも頭の良し悪しとはまったく関係ありません。みんなが良いと思うテキストが良いとも限らない。結局、理解の仕方は、人によってパターンの違いがあって、それは上下の違い、良し悪しとはまったく別で、バラエティーとして違いがあるということです。

例えば、自分の理解のパターンにうまくはまった先生にあたると、すぐに理解できて「ああ、よくわかった」と思うのですが、そうでないとさっぱりわからないときがあります。それでも、教室にいるほかの人が、うなずいていたりすると、「あれ、自分の頭が悪いのかな」と思い込んでしまうことがあります。でも、それは実は大間違いです。みんなに合う説明の仕方と、自分に合う説明の仕方が違うだけという場合が往々にしてあるからです。

私は行ったことがないのですが、予備校でもそんなことはよくあるようです。概して、良い先生は説明がわかりやすいという傾向はありますが、必ずしもそれが学生全員にあてはまるわけではありません。8割の人によくわかる説明をする先生は、普通は良い先生というわけですが、言い換えると2割の人にとっては良い先生ではないかもしれないのです。みなさんも人気の先生の授業を受けたけれど、授業はおもしろくなかったし、よくわからなかった、でも、違う先生のところへ行ったらよく理解できたという経験はありませんか？ 一般的に良い先生のところでわからなかったからといってけっして悲観することはないのです。

参考書やテキストの場合も同じことが起こります。ですから、何冊も読んでみて自分に合うものを探していくのがいいのです。何冊か本を読んでみると、どれが自分に合うものかも何となくわかってきます。

私も経済学を最初に勉強したときがそうでした。当時シンガポールで慶応大学の通信教育を受けていたのですが、経済学の勉強をするにあたり、最初に読んだ本が、1ページ目からさっぱりわからなかったのです。頑張って読み進めてみたのですが、まったく理解が進まない。最後まで読んでも、何が言いたいかったのかほとんどわからないという状態でした。「これは本当に困ったことになった」というのが当時の実感でした。経済学に興味を持つどころか、正反対の体験でした。

それで何をしたかというと、別のテキストを探しに行きました。とはいっても、当時はネット書店などありませんでしたし、シンガポールの書店では、日本語のテキストなど置いていませんでした。しかたがないのでまずは英語の本を買いに行くことにしたのです。とはいえ、一応海外にいましたが、英語のテキストでいきなり勉強するというのは初めての経験だったので、かなり不安いっぱいで読みはじめたのです。ところが、予想に反してわかりがよかったのです。実はそのとき選んだ本は名著のテキストで、結果的にとても良い本を選んでいたことがあとでわかりました。でも、必ずしも初心者向けではないし、何より英語でしたから、最初に学習するのに、すすめられるような本ではなかったのです。でも、それが自分には合っていた。もし最初の1冊だけ読んで、「経済学はわからない」と思ってしまっていたら、今の私はいなかったんだろうと思います。

だから、１冊読んだだけで、つまらないとか、わからないといった結論を出してしまって、意味なく自信をなくしたり、自分はだめだと思ったりするというのは、とてももったいない話だと思います。

大教室の授業ではカリキュラムもテキストも自分で選ぶことは難しいですが、独学の場合は、いくらでも自分の理解のパターンに合う参考書を探す自由があります。読んでもなかなか理解できない場合には、テキストをどんどん替えてみましょう。

こうしたことを繰り返していくと、徐々に「自分はこういう説明をされると納得できる」という自分の理解のパターンもわかってきます。そこまでくれば、勉強のコツがつかめたといってよいでしょう。

理解のスピードやパターンは人それぞれだという前提で勉強すれば、無用な劣等感に陥ることもありません。また、独学をはじめるにあたって、そういうことを認識しておけば、同じ試行錯誤であっても、先行きの見通しがかなり違ってくるはずです。

「能力のある人は、どの本を読んでもわかる。能力のない人はどんな本を読んでもだめだ」――誰もがそう思いがちですが、それは間違いです。ぜひ自分の理解のパターンに合った本に出合うために、自分なりに探してみる試行錯誤をしてほしいと思います。

すぐ人に聞けないから、自分で考えるクセがつく

独学だから、自分で好きなようにペースを決められたというのは、たぶん自分としてはとても楽でしたし、よかったのだと思います。さらに言えば、その結果として、すぐに人に聞かないでまず自分で考える、というクセがつくことにもなりました。学校だと、決まったカリキュラムのペースに合わせて、進まなくてはならず、そのペースに沿って理解していかなければなりません。ですから、自分でじっくり考えたり悩んだりする余裕はなくて、わからないところはさっさと誰かに聞いて解決していかないと困ってしまいます。

けれども、自分のペースでいいとなると、自分で考える時間的な余裕が出てきます。落ち着いて考えてみる、ということができるようになるわけです。

ただ、じっくり考えたからといって、わからない場合もあります。どうしてもわからないことが出てきた場合に、もう1日頑張るか、それともそこであきらめて誰かに聞くか、あるいは別のことをやるか、という選択をする必要があります。この選択を自分で決めなくてはいけないのが、少し独学の難しいところかもしれません。例えば、書いてあることの意味がよくわからなかったり、問題が解けなかったりすると、私はだいたい飛ばして先に進んでしまうのですが、それでもあまり簡単に飛ばしていると、何もわからなくなります。そこで、1日考えてわからなかったら先に進むというくらいに、選択のルールを決めたりします。本当は、大事なところは時間をかけるという形にするべきなのですが、初学者にはどこが重要かはなかなかわかりませんから、このような単純なルールでよいと思います。

そうはいっても、まだ高校までの勉強というのは、参考書も問題集も豊富にありました。大事なところは色が変わっていたり、要点がまとめられたりしていたので、人に聞かないとわからないということは少なかったように思います。

大変だったのは、大学の通信教育からでした。例えば教養課程の哲学などは、分厚いテキストが送られてきて、（当然ですが）太字もなければラインも引かれていないのです。かなり以前に書かれた古くて難解で、ややそっけないテキストでした。独学でどうやって大学の通信教育の科目試験に合格できるのだろうと、最初のうちはずいぶん悩みました。

テキストしかない、要点も重点もわからないという厳しい状況の中で、試験に合格しなければならない。今から思うと、そこで、うまく要点をつかむ工夫を考えたり、自分なりのテキストの読み方を試行錯誤しながら身につけていったように思います。

また、それとほぼ並行してはじめた会計士の勉強も似たようなものでした。財務諸表論といった専門書や解説書のような本を何冊か買ってシンガポールに持って行ったのですが、入試の参考書と違って、どこにも赤ラインなど引いてありませんし、コラムのようなものもありません。何のメリハリもなく、（これも今から思うと当たり前なのですが）ただ淡々と文章が続いていくだけの本を見て茫然とした記憶があります。

手取り足取り教えてくれるような高校の参考書とは、まったく違っていたからです。会計士には論述試験があるのですが、「この本に書かれたことを、どうやって読み進めて、どんなふうに消化していけば問題を解けるようになるんだろう」と途方に暮れたことを覚えています。

そこをどう切り抜けたかといえば、結局のところ、自分で考えて、自分でどこが重要かを判断していくしかないと割り切って、自分の頭で考えるクセをつけていったのだと思います。

人にすぐには聞けない環境で、こうした試行錯誤の過程を経て、自分なりに考えるクセも身についていったように思います。その経験は今でもとても役に立っています。

自分で自分を評価する力がつく

当たり前ですが独学には通信簿がありません。私は18歳のときにはたして自分がどのくらいの偏差値だったのかさえも知りません。

独学ですから、だんだんと自分の学力を自分で評価するようになりました。「この部分が弱いから、しっかりと勉強をしておかなくては」ということを、自分自身でマネジメントせざるをえなかったなかで、自然と自分の評価を自分でするクセがついたのはよかったと思っています。

あくまで自己判断なので、その評価は間違っていたかもしれません。そもそも先生がいないわけですから、間違っているかどうかも誰も教えてくれないのでわからない。だから、自分が間違えていたと思ったら、そのたびに修正をするという道をとるしかありませんでした。

でも、そもそも、自己採点に何か正解というものがあるわけでもないのです。だから本当は、間違いも何もない。そもそも正解というものがないのですから、自己採点が間違えているかもよくわからない。あくまでも、自己採点の改定をしていくことでしか前には進めません。

ところが、現在の学生のほとんどは、絶えず正解を与えられて、採点をされて育ってきているために、自分の学力や成績を正しく評価されないと怖くて前に進めないという傾向があります。この傾向は人の評価に振り回されてしまうことにもなりかねません。しかも間違っているかもしれないからといって前に踏み出さないと、結局何もできずに終わってしまいます。

とりあえず、合っているか間違っているかという物差しは、ちょっと脇に置いてみましょう。

自分が自分を評価する立場だったらどう見るだろうか、どういう感想を持つだろうかと、第三者の目で自分自身を見て評価してみればいいのだと思います。そうしたプロセスを経て、自分ならどう考えるかという視点を育ててもらいたいですし、その視点は生きていくうえでも絶対に重要になると思います。現実の社会では、ほとんどの場合、誰も正解を提示したり、客観的に評価してくれたりしないからです。もちろん、会社に勤めていれば、上司などの評価を受けるでしょう。でも、それは客観的に「正しい」評価とは限りません。ほとんどの場合、極めて主観的なものでしょう。そんな人の評価に振り回されるよりは、自分自身で自分を評価したほうが、ずっと明るく後悔のない判断ができるはずです。

もし進んでみて何か不具合があれば、方向性をその都度修正して、少しでも良さそうな方向に進んでいくというプロセスを積み重ねるしかないのだと思います。自分で考えて自分で決めていくことで、少しずつ自信もついてくるのです。

独学に向く人、向かない人

私が、高校の勉強から大学の通信教育まで独学でやってきたという話をすると、たいていの人は「さぞかし、自分をきちんと律することができて、意志も強かったのでしょう」と感心してくれます。

そうした面がまったくないとは言いませんが、私は謙遜抜きで結構なまけ者なのです。なるべくなら楽をして過ごしたいという性格なので、今から考えてみると最初に立てた目標をほとんど達成していません。例えば、取り組んでいた問題集にしても、２、３割しか終えていなかったように記憶しています。

むしろ、そのくらいのいい加減さだったから、長い期間を独学で通すことができたのでしょう。

多くの人には、完璧主義者でないと独学には向いていないというイメージがあるかもしれませんが、実際はむしろ逆です。あとの章でも書きますが、独学を続けるには、少しいい加減なくらいの気持ちのほうがうまくいきます。テーマや目標もあまり無理して明確にする必要はありません。すでに「これをやりたい」ということが決まっている資格の勉強なら別ですが、そうでなければ、無理して決めてしまうとかえって自分の可能性を縛ってしまうことになります。

これは卒業論文や修士論文を書く際にもよく起きることです。最初にテーマを一応決めさせるのですが、それが途中でかなり変わっていくことが珍しくありません。実際にやってみると、思った通りにはいかないので、だんだんテーマが変わっていき、できあがりはまったく違ってくるものなのです。

そもそも論文を書くというのは、それまで誰も書いたことがないことをやるので、やってみないことには、先にどんな道が待っているかもわかりません。行ってみたらもしかすると、行き止まりかもしれません。ですから、最初にテーマを決めてとりあえず走り出しはするのですが、道がなかったら臨機応変にすぐ変えていくことが大切です。最初に立てたテーマにこだわりすぎると、たいていうまくいきません。「絶対に最初決めた場所に行くんだ」といって無理に進もうとすると、山を切り崩さないと前に進めないような状況に陥ってしまいます。

論文執筆に限らず、一般的な独学もまったく同じことです。実際にはじめてみれば、だんだんと思いもかけなかったいろいろな道が見えてくることでしょう。それに応じて臨機応変に道を選びながら勉強するというのでかまわないのです。いや、むしろそうでないとうまくいかないと思います。

そう考えると、完璧主義でないほうがむしろ独学には向いていることがおわかりでしょう。完璧主義だと初志貫徹しようとして壁に当たるか、やむなく方針をころころ変えて自責の念にかられるかのどちらかにならざるをえないからです。

ですから、どうぞ気楽な気持ちで独学に取り組んでいただければと思うのです。

自分で勉強してみると人生の選択肢が広がる

何か具体的にやりたいことがあって、そのために勉強しなくてはいけないという場合、具体的な目標があるので、ターゲットを絞って勉強しやすいでしょう。例えば、税理士のような特定の職業に就きたいという希望があって、そのために自分で受験勉強しなくてはならないようなケースです。

一方で、具体的な目標が明確ではない場合もあります。例えば、今会社にいて、それなりにうまくやっているのだけれども、何か別の道を歩みたい。あるいは、違う能力を見出したいと思っている。でも、何をやっていいかわからないという人も少なくないと思います。

その場合、ターゲットを絞って勉強するという手法がなかなか使えません。そういうケースでは、ある程度自分が興味のあるものを決めて、まずは少しでも勉強してみることが大事だと思います。とりあえず何かをやってみることです。

この「とりあえずやってみる」というのが、独学をはじめるうえでの大きなポイントです。あまり慎重になりすぎると、なかなか独学に踏み出すことができません。

これは学生の就職活動にも通じることなのですが、一生のものを短時間のうちに見つけようと考えると、誰しもつらくなりますし、何をやったらいいのか迷ってしまいます。そうではなくて、「とりあえずいろいろなことをやってみる」というくらいの感覚が大切なのです。そうではないと、なかなか一つのものを選ぶことなどできません。

そもそも、どんなふうに働くのが幸せなのか、何をやっていると自分が楽しいかなどということは、やってみなければわかりません。これは、就職活動にも独学にもあてはまることです。いろいろなところで試行錯誤をすることが大事なのです。トライ・アンド・エラーをするくらいの余地を最初からつくっておかないと、なかなか選び取るとか決めるとかというのはできないと私は思っています。

私も、当初は公認会計士を目指していましたが、途中から大きく方向転換して学者になりました。いろんな学生を見ていても、最初から目標を決めている人のほうが、むしろ窮屈になっています。例えば、大学に入ったときから公務員になろうと決めていて、大学生活を送るうちに考え方やまわりの環境が大きく変わったにもかかわらず、その目標に縛られている学生をときどき見かけます。もちろん、初志を貫徹することも素晴らしいのですが、とくに将来の見通しが不透明なときには、最初からすべてのことを完璧に決めようとしないほうが、いいと思います。

少しずついろいろなことをやってみて、良いと感じたら先に進めばいいのですし、だめだなと思えば戻ってみる。現実的には、やってみないとわからないのですから、最初から一つのことにピシッと決めて取り組むのではなく、ある程度余裕を持って、試行錯誤の余地を残しておいたほうが長期的に見て、良い結果が得られます。

私の場合、高校や大学という学校教育の根幹のところで独学という選択をして勉強をしましたが、趣味の世界や副業や、あるいは転職のための勉強だったり、いろいろなところで、勉強をしたいと思っている人は多いと思います。そういうときに、自分で少し勉強してみるというのは、一つの良い選択肢ではないかと思います。

ちょっと自分のやりたいこと、関心のあることがあったら、本を買ってきて勉強してみるとか、最初はそんな簡単なステップからはじめてみましょう。小さなことが学んでいくきっかけになれば、人生の選択肢も広がりますし、いろいろなことができるチャンスも広がってくると思うのです。

例えば文科系のコースにいるという大学生でも、途中で何かのきっかけで医学に興味が出るかもしれません。そういうときに、わざわざ学校を替えるのは大変なことですが、独学なら、自分で参考書やテキストを買って勉強することができます。勉強してみて、おもしろいと思ったらもう少し深めてみる、そしてもし本当に学校を替えてでも、自分がやり遂げたいという意志が芽生えてきたら、その時点で学校を替える選択をしてもいいのではないかと思います。

いわば、勉強とは人生の方向転換をするための手段なのです。

ぜひ気楽に構えて、いろいろな分野の勉強を試して、自分の中に新しい世界をどんどん広げていってほしいと思います。

コラム　情報が無いと、否が応でも自分で考える力がつく

自分で考える力、選ぶ力という土台ができたのは、幼いころからの海外暮らしも大きく影響していると自分では感じています。

親の仕事の関係で、小学生のころから海外に住んでいました。そのうちで、最初の海外体験だったのが、小学4年生から中学1年生の夏まで暮らしていたシンガポールです。

現地の日本人学校では日本式の教育を受けることができたのですが、今と違って日本で高校受験をさせようと思ったら、子どもを中学3年生になる前に日本に帰さないと間に合わない（どこまで本当だったかはわかりませんが）と言われていました。勉強の方法についても、現地には塾などありませんでしたから、どこの家も自分たちである程度考えなくてはならない状態でした。

教育だけでなく、例えば病気になったときに、当時のシンガポールでは漢方医にかかるか西洋医にかかるかというところからして、自分で選ばなくてはな

りませんでした。何しろ外国で勝手がよくわかりませんから、自分で情報を集めて、最終的には自分で判断して決めるしかなかったのです。

そうした環境にあったので、私の親も子どもの教育については、学校や塾に頼ることができず、自分たちで考えざるをえませんでした。もちろん考えるのは親なのですが、親がそうでしたから、当然子どもである私にも影響したのでしょう。「自分のことは自分で主体的に考える」「自分の人生は自分で切り拓いていく」というクセが身についたのだと思います。

もちろん、誰でも海外で生活できるわけではないですし、今や海外にいてもネットで多くの情報が手に入る時代です。大切なことは、情報に頼ることなく、むしろ情報を遮断するくらいの気持ちで、自分で考えるクセをつけることではないでしょうか。

第3章 勉強をはじめる前にやっておきたいこと

いきなり勉強してはいけない

独学の場合、いきなり勉強をしても、実はなかなか続きません。思い立って新しい分野の勉強をはじめたけれども、三日坊主で終わってしまったという経験は、多くの人にあるでしょう。

独学に限ったことではないのですが、「さあ勉強をはじめよう」というときには、どうしても高い目標を掲げがちになります。

とくに独学のイメージというと、ねじりハチマキをして、しかめ面をしながら本を読み、壁には目標を書いた紙が何枚も貼ってある。そんな光景を思い浮かべるかもしれません。

「この分厚い本を1冊読み通す」「3ヵ月の間にここまで理解できるようにする」といった具合です。これは、おすすめできません。最初から意気込みすぎたり、目標を高く持ってしまうと、必ず失敗します。それは、新年の抱負と同じようなことです。

いわば、独学は長距離走やマラソンのようなものです。いきなり最初から全速力で走ったら、すぐにバテてしまいます。長い時間を走り通すには、しっかりとした準備運動や助走期間が必要なのです。

まずは、自分の理解のパターンや無理のないペースを探すために、時間をかけていろいろと試行錯誤する期間が必要です。資格試験の勉強のように、やるべきことが決まっている場合というよりは、もう少しやりたいことが漠然としている場合について考えてみましょう。この場合、勉強のテーマをあまり決めてしまわずに、いろいろな本を読んでみることが大切です。そうすると、それまで思いもしなかった分野に興味を持つこともあります。

また、評価の高い本や参考書が自分にはまったくわからない場合でも、たまたま手に取ったそれほど知られていない参考書を読むとスッと頭に入ってくるという場合もありえます。

ですから、いきなり本格的に勉強に取り組むのではなく、少し時間をかけていろんな試行錯誤をする準備期間を持つことが大切なのです。

もちろん、そのためには本を読まなくてはなりませんが、この段階では、最初から最後まで読み通すことが目標ではありません。この段階の読書は、どんなことに自分は興味を持てるのか、どんな学びのスタイルが自分に向いているのかを探るための手段と割り切って考えたほうがよいでしょう。ですから、最初の10ページでやめてしまう本があってもかまいません。

人によって、この勉強がしたいというものが1週間で見つかる人もいれば、半年ぐらいかかる人もいるかもしれません。それでかまわないのです。大事なのは自分のやりたいことや目標を探しながら、ぶらぶらと歩きまわることです。たとえ、自分は教養として学ぶんだからという人でも、やはり何かの目標を探してみることは必要だと思います。勉強をする際に、目標を探しながら進んでいるのと、あてもなく進んでいくのでは、大きな違いが出るからです。絶えず考えながら歩きまわっていれば、必ず求めるものに行きあたります。あてもなくぶらぶらするのとは違うのです。

もちろん、何を学びたいのかを最初から決めている人や、やりたいことが明らかな人は、そのまままっすぐに進んでかまわないと思います。ただ、そうした人はごく少数派でしょう。そうした例外的な人を除けば、本格的な勉強の前には、試行錯誤の期間を必ず設けたほうがいいと私は思っています。

まず、自分に合う勉強のコツを探そう

いきなり勉強をはじめてしまうことと同様に、勉強に挫折してしまうもう一つの理由に、「とにかく長時間勉強すれば頭が良くなる」という前提で勉強していることが挙げられます。

これは例えばゴルフの練習で、むやみやたらと何百球、何千球と打っているようなものです。それよりも、「何かコツがあるはずだから、そのコツがどうやったらつかめるんだろう」ということを少し考えながら打てば、結果は違ってくるはずです。球数は少なくてもいいから、考えながら打つほうが効率的だ

というのは多くの人が感じていることでしょう。

学問についても同様です。ただ長時間本に向かうだけでなく、どうやったら理解できるのか、いろいろと考えをめぐらしながら読むことで勉強のコツをつかむ可能性が高まります。勉強にもコツがあるのです。

例えば、短距離走といえば天性の能力だけが結果を決めるように考えられがちですが、教え方の上手なコーチについて腕の振り方や足の上げ方を習うと、すぐにタイムが向上するそうです。オリンピックに出るような人は別ですが、そうでなければ、ちょっとした走るコツをつかむかどうかで圧倒的に差が出てくるわけです。

ゴルフにしても、良いコーチについてスイングをチェックしてもらうと、スコアが一気に伸びるものです。コーチにつかなくても、自分で何かの拍子にコツをつかむことができると、ある日突然、成績が向上して仲間から驚かれることがあります。

学問における学習能力というのも、こうしたコツに負っている部分が多いと私は考えています。ですから、本格的に勉強をはじめる前に、まずはうまく自分の勉強のコツをつかむことに、もう少しウエイトを置いたほうがいいのではないでしょうか。

東大生の中には、もとからいわゆる「地頭」が良くて、何をやっていても合格したんだろうなという人がいることはいます。でも大部分は、どこかでうまく自分の勉強のコツをつかんだ人だというのが、私の印象です。

それがどういうきっかけだったかは、人によってそれぞれでしょう。幼いころにうまく身につけられたのかもしれませんし、どこかで先生か親にそうしたトレーニングを受ける機会があったのかもしれません。いずれにしても、本当の頭の能力というよりは、勉強するコツをうまく身につけられた人が多数派だと思います。

ただ、ここで誤解してもらいたくないのは、勉強のコツといっても前に説明した受験のテクニックや計算のテクニックをマスターする学習とは違うということです。受験のテクニックというのは、勉強のコツというよりも、作業のコツといったほうがいいでしょう。なるべく考えたり悩んだりしないように、頭を使わずに結果を出そうという方法のことです。

勉強のコツはそうではありません。あくまでも考えるコツのことであり、頭の使い方を工夫することなのです。もう少し詳しく言えば、前にも説明した、それぞれの人によって違う理解のパターンやクセを自分自身で把握して、頭に入りやすい勉強の仕方を工夫することです。もちろん、これはそんなに簡単に身につくものではありません。でも、コツを身につけようと思いながら、準備をしたり勉強をしたりするだけで、結果は大きく違ってきます。

資格試験に落ち続けている人が陥りがちなパターン

私の場合で言えば、暗記科目が苦手なので、どうしても何か覚えなくてはならないときは、なるべく理論に引きつけて覚えるという勉強のコツを持っています。

歴史の勉強ならば、年号をただ覚えるのではなくて、歴史全体の動きやつながりを考えながら把握するわけです。例えば、産業革命が起こったために都市に人が集中して、それが新しい階層を生み出す原因となり、新しい経済環境を生み出していくというふうに、理論的に関連を考えていくわけです。そうやって考えていけば、無理やり不得意な暗記を何度もやるよりは、間違いなく頭に入ってきます。そのように大づかみしてから、細かく見ていくほうが理解しやすい等々、自分の頭のクセを理解したうえで、研究をしています。

こうした考え方のクセや、前に述べた理解のスピードやパターンは、自分にしかわかりません。しかも、独学では周囲に比較する人がいませんから、自分で判断すればよいのです。

ですから、みんなが良いと言っている本であっても、自分に合わなかったらさっさと捨てることが大事です。たとえ、その分野でのバイブルと呼ばれているような本であっても、自分に合わなかったら潔く捨てて、自分に合うものを探すことです。準備期間のうちに、自分なりに試行錯誤をしながら、自分に合う本や勉強法を見つけ出してほしいと思います。

本代はもったいないかもしれませんが、それを使い続けているほうが、はるかに時間も労力ももったいないのです。しかも、「理解できないのは自分の頭が悪いからだ」という誤った認識をしてしまい、苦痛に陥ってしまうことを考えれば、本の代金なんてたかがしれています。私の場合で言えば、買った本のうち3割使えればいいかという感覚です。

残念ながら、世の中には自分の考え方のクセや理解のパターンに合わない本を、後生大事に読み続けたあげく、自信をなくしている人が多いのではないかと思います。これまでに、単に教える先生や読んだ参考書が自分に合わなかったという理由のために、どれだけの人が学問のおもしろさに触れることなく、勉強が嫌いになって、その学問と縁が切れてしまったことでしょうか。これは非常にもったいないことだと思います。

そう考えると、もしかすると資格試験や検定試験の勉強をしているのに、何年も落ち続けているという人も、やみくもに勉強をはじめてしまって、自分の考え方のクセを知らないまま、合わない勉強法をしたり本を読んだりしているかもしれません。本来はじっくりと時間をかけて理解するタイプなのに、ひたすらに暗記に走ってしまう勉強法をしているというように、自分のタイプではない努力をしてもなかなか結果に結びついていきません。

そうした落とし穴に陥らないためにも、「急がば回れ」という言葉もある通り、まず自分の頭のクセを見極める「助走期間」をとったうえで、自分に合う本なりテキストなり、勉強の仕方なりを探すのがいいと思います。

勉強する前に、勉強する姿勢をつくる

おそらく多くのみなさんは、学問というのは伝統があって、立派なものであり、疑う余地はないものだと考えていると思います。ましてや教科書は、偉い学者が考えてきたことをまとめたものだから、書かれていることは全部正しいと思っているのではないでしょうか。

もし、「先生、それ書いていること違うんじゃないですか」と質問する学生がいたら、ひねくれたやつだとなって、先生からもまわりからも白い目で見られるのが関の山です。

そのため、勉強というのは、書かれていることをいかにきちっと覚えるかだということになりがちです。勉強をするとなったら、本を読むにせよ、講義を聴くにせよ、無意識のうちに、とにかく偉い御説を一生懸命覚えよう、要点をつかもうとしてしまうのではないかと思うのです。そうすると、勉強は退屈でつまらなくなりますし、頭の中もすぐにいっぱいになってしまいます。

でも、勉強をはじめる前にまず知っておいてほしいのは、本の内容を覚える必要なんてまったくないんだということです。読んだことや聞いたことをそのまま頭の中に入れるだけでは、それは、本当の意味で学んだことにはならないのです。

勉強や学びのプロセスとは、実は、いったん押し返してみることです。

偉い先生が言ったことを鵜呑みにするのではなくて、教科書でも本でもそこで得た知識をもう一度自分なりに組み立ててみる。場合によっては、著者である偉い先生とは違う理屈を自分なりに語れるくらいにしてみる。本当に正しいのかという反論も含めて頭の中で考えていくことが、学びの大事な過程なのです。いや、それこそが学びです。何度も頭の中でさんざん反論してみたあげく、ああ、やっぱりこの人の言っていることは正しいかと、自分で納得できたときに、初めてその内容がわかったと言えるのだと思います。

とりわけ、これまで受験勉強など解答テクニックの習得がしみついてしまっている人は、何でもかんでも素直に受け入れすぎる傾向があるように見えます。本に書かれていることは疑いもなく信じてしまうし、とくに偉い先生が言っていることや、有名な新聞に書かれていることを素直に信用する傾向があります。あまりに素直に読みすぎてしまうと、右から左に抜けていってしまうので、結局のところ本当の意味では何も身につかないんだと思います。

私の場合を言えば、少なくとも自分の研究している分野のものだと、論文を読んでも、本を読んでも、そのまま素直に頭に入れるということはありません。1行読むごとにおかしいんじゃないか、間違っているんじゃないかと思って読んでいます。自分が勉強している分野以外でも、法学や政治学や医学の話でも、新聞などを読んでいても、書いてあることをそのまま鵜呑みにして信用することはまずありません。別の人から聞けば、別の話を言うかもしれないというぐらいの留保条件をつけて頭の中に置いてあるというような感じだと思います。

まずは、何でも疑ってかかるクセをつけてみる。

本格的な勉強をしようと思ったら、それが勉強するために必要な基本的な姿勢です。極端なことを言えば、勉強は疑うことからしかはじまらないと私は思っています。学びたいという欲求は、何か疑問があったり反論があったりするところから湧き出てくるものです。ですから、学ぶクセをつけるには、教えられたことをただ素直に受け入れるのではなく、疑問を持つことが第一だと思うのです。

つねに「自分がどう思うか、どう考えるか」を考えるクセをつけよ

「疑問を持て」と言われても、いきなりは難しいかもしれません。

今の大学生は、疑問を持つのが苦手な人が多いようです。新入生などは、授業のあとで私が、「何か質問はありますか」と言っても、たいていはシーンとなってしまいます。私の話したことが理解されていないというわけではなく、むしろすべてを素直に受け取りすぎて、疑問が出てこないのです。「御説ごもっとも」と素直に受け入れることはできても、それに対してどういう問いを立てていいか、多くの人がよくわからないようです。

大学3年のゼミ生のレベルでも、疑問を持つことが苦手な学生はたくさんいます。私のゼミではただテキストを読むだけでなく、みんなで質問をしてディスカッションをするようにしています。なかには最初から積極的に発言する学生もいますが、まずは様子見というのが大半です。英語のテキストを読んでい

く場合でも、「この英語がわかりません」という質問は出ても、書かれた内容に対して疑問を持ったり質問をしたりというのは苦手のようです。

これは、けっしてそういう能力が劣っているわけではなく、完全に中学高校時代からの勉強のクセだと私は思っています。「疑問を持て」という教育を受けていませんから、ある意味しかたがないことだと思います。ですから、いきなり「質問は?」「疑問点は?」と言われても戸惑ってしまうのだと思います。

そのクセをくつがえすには、数をこなすしかありません。

最初のうちは、ささいなことでもいいですし、ちょっと無茶でもいいですから、積極的に疑問を持ってみる態度が必要です。このときに大事なのは、けっして、立派な疑問を持つ必要はないということです。いきなり立派な質問をしようとしても、慣れていないのですから、たいていうまくいきません。立派な質問でなくていい、ささいなことから疑問を持ってみるという気持ちを継続していけば、だんだんと本質的なところに迫れるようになると思います。

ささいなことでも疑問を持つトレーニングをしていくと、半年もたつと自分の中から質問が積極的に出るようになります。

具体的に言うと、本を読みながらでも、テレビを見ながらでも、インターネットを見ながらでも、「これは本当かな。別のこういう考えもあるのではないかな。これと違うことが世の中で起きているのではないか」というように、頭の中で自分がどう思うか、どう考えるか、疑問を持ってぶつけていくことです。

最初のうちは、何か疑問に思ったことや反論したいことをメモするのもよいでしょう。すぐに答えを求める必要はありません。書くという行為をすることによって、疑問を持つというクセをつけるのが目的です。

あとで読み返してみると、別の疑問が湧き出てきたり、さらに違うことを調べてみたいという欲求も出てくるかもしれません。疑問を持つことでいろいろな発展が考えられます。

独学をはじめるときには、まずそうしたクセをつけることが大切です。そのクセがないままに勉強をしていると、いくら本を読んでも、学びは深まっていかないでしょう。幸いなことに、独学で勉強している限り、疑問点は自分がメモに書くだけなので、誰かに見られて恥ずかしいと思うことはありません。どんなささいなことでもいいので、堂々と疑問を持つこと。それが、学びの姿勢をつくる大事なステップだと思います。

テーマの立て方・探し方

一番簡単なテーマの探し方

先ほど「勉強は疑うことからしかはじまらない」と書きましたが、疑問を持てば、あらゆるところに勉強のテーマが見つかります。

「1＋1は本当に2なのか」。これも立派なテーマです。

「当たり前じゃないか」と思うかもしれませんが、実はそうではありません。私の知り合いの数学者は、「1＋1＝2であることをどうやって証明するか」という内容の本を書いているほどで、これはかなり根源的で難しい話なのです。

単純に暗記していることがらであっても、そこで疑問を持って考えることによって新しい意味が加わっていきます。勉強は、疑問を持つことができれば、いくらでもおもしろくなります。

歴史の勉強でもそうです。例えば、織田信長が明智光秀の軍勢に襲われた本能寺の変の年号を、単純に1582年と記憶してしまうだけでは、それで終わってしまいます。ところが、それが本当なのかという疑問を持つことによって、興味はどんどんと広がっていくでしょう。そこで、文献を調べたり現地調査をしようと思い立った人が、新発見をしたり小説の執筆をしたりするわけです。

もっとも、そんなことを言っていると、理解のない教師だと、「そんなことを悩んでいる暇があったら単語の一つでも覚えろ」と言われるのが関の山かもしれません。それは大変もったいない話だと思います。教える側にも、もっと意識を持ってもらいたいものです。

「何がわかっていないか」という視点から見る

経済学や歴史学のような学問では、世界中でたくさんの研究者が研究をしてきて過去の蓄積が膨大にあるのだから、今さら手垢のついていない新しいテーマを見つけるのが難しいと言う人がいますが、本当にそうでしょうか？

確かに、みんなが歩いてきたところだけをたどっていくと、もうほかにやることがないように見えてしまうかもしれません。ですが、見方を変えて、「何がよくわかっていないか」「何がうまくいっていないのか」という視点から見てみると、実はわかっていないことは世の中に無数にあり、ほとんど荒野という感じです。

世の中に情報はいっぱいありますし、知識もいっぱいある。でもそれによって解決できている問題は、世の中のごく一部です。多くの知識や情報をもってしても、現実の世界は多くの問題や矛盾や疑問を抱えています。わかっていないことだらけの世の中なのです。

経済学に関して言うと、みんなが知恵を絞って研究してきたにもかかわらず、現実の世界経済は多くの問題を抱えています。もちろん、昔に比べれば、多くの国が貧しい状態から脱出することができたり、景気の大きな変動を防ぐことができたりと、改善した面もいろいろあります。しかし、リーマンショックが起きたように、解決できていない問題や、新たに生じた問題も、その一方でたくさんあります。

残念ながら、現実の経済はやはり、そんなに単純なものではありません。学者が考えた理論通りに、現実経済がずっとうまくいってくれるならば、話は簡単です。そうなると経済学者がやることは何もなくなってしまうのでしょうが、そうはなっていません。まだまだ、答えを考えないといけない未解決の問題はいっぱいあるのが現状です。

そして、その一つひとつの問題を解決しようとすれば、そこで今までと違う新しい切り口を考える必要が生じ、それが新しい研究や勉強のテーマになるわけです。

学問の分野に限らず世の中には、まだまだ解決していかなければならない問題はたくさんあります。

それは社会の課題だったりするかもしれませんし、個人のプライベートな課題だったりするかもしれません。「何がまだわかっていないか」「何が解決できていないのか」という視点でいろいろなものを見ていくと、それを解決していくにはどうしたらいいかという方向に発想が向かいます。そうすると、どんなテーマで勉強したいのかという方向性もある程度見えてくると思います。

社会の大きな問題でも、身近な問題でもいいのです。問題に関心があって、その問題について何か考えたいことがあれば、それが勉強のテーマになっていきます。例えば、日頃のゴミ収集の仕組みに疑問を持っていて、もっと家庭内のゴミを減らしたり、もっとうまく収集できないだろうかと疑問を持ったとしましょう。それが何かを学ぶきっかけになります。そこから、例えば環境経済学を学びたいという気持ちが出てくるかもしれませんし、あるいはもっとリサイクルを実際にうまくいかせたいと思い、行政システムに関心を持つようになるかもしれません。

一つの小さな疑問や問題意識でも、それを少し広げていろいろと考えていくことで、学問的関心に広がっていきます。あるいは、大きな問題を解決しようと思っても、自分が持っている知識や情報ではよくわからないという場面に直面すると、そこから新たな知識を得ようという意欲が生まれてきます。何かをしっかり考えて、問題解決につなげていこうという意識も出てきます。

それに対して、何も問題意識を持たずに、とりあえず何かの知識を身につけようとか、何かの情報を手に入れようとすると、何をやっていいか方向性がわからなくなったり、興味が持てなくなったりすることが多いのだと思います。

情報があふれている今、「何がよくわかっていないのか」「何がうまくいっていないのか」という視点は、テーマを考えるうえでも役に立つと思います。

学びたいことが浮かばない人へのアドバイス

独学で何かを学びたいとは思っていても、実際に何を学んだらよいか、見当がつかないという人もいるでしょう。自分が何に関心を持っているのかさえわからないという人もいるかと思います。

そうした「自分の関心が見えない人」はどういうふうにテーマを探していけばいいのでしょうか。おそらく、「好きなことからはじめればいい」と言われても、どうしたらよいか迷ってしまうだけでしょう。そういう方のために、もう少し違った方法でのテーマの探し方をアドバイスしましょう。

一つ目は、ある程度自分が関心を持てそうなテーマを、まず二つか三つピックアップするというものです。例えば、本屋に行って書棚や本の表紙をいろいろと見くらべてみて、どれがワクワクするかを確かめてみるのも良い方法です。最初に一つに決めてしまうと、それが行き詰まったときに逃げ道がありませんから、二つか三つ選んでおくのがポイントです。強い関心が持てなくても、見てワクワクするくらいでよいのです。ワクワクするということは、それだけ関心があるということですから、単純ですが間違いのないやり方だと思います。

二つ目は、学んだ先にある少し遠い自分の姿をイメージすることです。例えば、何かの資格を取って転職したいとか、あるいは独立して起業したいとか、学問を究めて研究者になりたいとか、将来なりたい自分をイメージするのです。場合によっては、それは憧れに近かったり、あまり現実性のないものでもかまいません。ただし、それを強くイメージして、そうなるには、具体的にどんな勉強をしたらよいかを考え、それを学んでみるのです。そうすれば、自分が将来やりたいことに関連した勉強なので、ほかのことよりもより関心を持って勉強ができるはずです。

何かを勉強しようとか学ぼうとする場合、具体的な目標を持っていない人は、一般的な教養を身につけようとか、とりあえず何か役立つ知識を身につけようと漠然と考えてしまいがちです。しかし、それでは、なかなか興味を持続させることが難しいでしょう。

例えば、同じように英語を勉強する場合でも、単純に教養を身につけようとする場合と、自分がその英語の能力を用いてこんな職業に就きたいという目標がある場合とでは、やる気も進み具合も、ずいぶん違ってきます。たとえそれが、海外で歌手になりたいというような、およそ夢物語のような職業であっても、です。それでも、その目標を実現させるにはどうしたらいいかをしっかり考えることができるならば、そこで英語の勉強を積極的にする熱意が出てきます。漠然と英語でも勉強してみようかと考えるのとでは、違ってきます。

少し抽象的な言い方をすれば、前項の話にもつながりますが、何の情報を知りたいかではなくて、それを使って何がわかるようになりたいのか、何をしたいのかという、情報の先にあるものを、できるだけ考えてみることです。

前にも書いたように、学ぶ過程で大事なのは、自分の中で一度熟成・加工するという、考えて自分のものにするステップです。その熟成・加工する段階では、何を自分は考えてそれをどう使っていきたいのか、という学んだ先をイメージすることが重要です。誰しも何か新しい課題に取り組みたい、人生を変えたいという問題意識はあると思いますから、学んだ先にある自分のイメージから逆算していって今自分に何が必要なのかを考えて、学ぶテーマを選び出すのは有効だと思います。

自分がワクワクする分野で、しかも将来的に役立ちそうなものであれば独学はスムーズに進む可能性が高くなります。

関心を持って取り組むことができ、しかも将来の自分をイメージできるような勉強ならば、仕事にもつながっていくかもしれません。

ただし、ここで大事なことは、独学をやっていきなり結果を出そうとは思わないことです。「あわよくば仕事に結びつけばいいな」くらいの気持ちでいいのだと思います。そのくらい、ゆったりと構えるのがいいでしょう。いずれにしても、テーマを考えるときに大切なのは、自分がどういう人生を歩みたいのか、あるいはどういう課題に取り組みたいのかをイメージすることだと思います。

目標の立て方・管理の仕方

目標達成は3割でよしとする

前にも言いましたが、私はだいぶなまけ者です。独学で勉強をしていたときも、最初に立てた目標をほとんど達成することはありませんでした。今さら、開き直ってもしかたありませんが、もし、「立てた目標は10割達成しなくてはいけない」と頑張っていたら、途中で行き詰まっていたに違いありません。

ただ、私は自分の性格を認識していましたので、3割ぐらいできればいいということを前提にした、ゆるめの目標らしきものを組み立てていたように思います。その一方で、本を読んでいて、つかめた、腑に落ちたという実感があれば、途中であっても、その本を終わりにする場合も多々ありました。それは読み終わることが目標ではなく、自分なりに理解することが目標だと思っていたからです。そういう割り切りはあったように思います。

私と違って、綿密に目標や計画を立てるのが好きな人もいます。ただ、そうした人にありがちなのが、目標を立てたところで、もう半分達成できた気になって尻すぼみになってしまうことです。ですから、それよりは、ゆるめに目標を立てておいて、必要があれば全部やるけれど、必要がなければ、2、3割できれば上出来くらいに思っているほうがいいのではないでしょうか。

目標達成よりも重要なのは、きちんと理解度を高めていくことです。どこにどう時間を使ったらいいかは、目標や計画を立てるときには、ほとんど予想できないものです。そうであれば、あまり目標や計画を厳密に立てるよりは、実をとって、本当に理解できることを優先する。そのためには、場合によっては当初の計画が大幅に遅れることもありえる。そのような、ゆるいスケジュールのほうが、うまくいく可能性は高くなります。

ただ、その際には、当然なまけ心も顔を出します。なまけたいために、ついつい、このくらいの達成度でいいやと思ってしまうことも、独学の場合は多いと思います。でも、それでいいのだと思います。そんなものだと開き直って、ゆっくり進んでいけばよいのです。

ただし、だからこそ、先ほども書いたように自分の理解のパターンを把握して、勉強のコツをつかむことが、いっそう重要になってきます。2、3割の達成度でありながら、曲がりなりにも私が今こうしていられるのは、勉強のコツをつかんで自分なりの理解ができたからだと思っています。勉強のコツがつかめれば、極端に言えば、一を聞いて十を知ることも可能になるので、本1冊まるまる読まなくても2、3割で十分だという考え方もできるわけです。

目標の意義は、進捗状況を自分なりに確認する点にある

目標は2、3割でいい、なまけ心があってもいいといっても、ある程度の自己管理は必要で、それはなかなか難しいと感じる人も多いかもしれません。そこで、私が独学で勉強していた際の方法を少しお伝えしたいと思います。

私にとっても、先生も授業もないなかで、一番悩ましかったのは、ペース配

分や勉強の順番を、自分自身でコントロールしなければならなかった点です。

そこで役立ったのが、わりと短めの目標を立てることでした。

例えば明日はこの辺まで進めようとか、来週はこのあたりまでやってマスターしようとか、あるいは1ヵ月先にはこういうことをやっていようというように、短めの目標を立てました。目標を長めにしないというのがモチベーションの持たせ方の一つでした。

ただ、それでその通りに着実に目標を実行できていたかといえば、そうではなく、あくまで自分で決めた目標に過ぎないので、実際は目標を達成できないことが多かったというのは、前に述べた通りです。

それでも、何もないよりは、目標があったほうがずっとよかったのです。自分であらかじめ計画を立てることでやる気も出ますし、目標を考えるという作業自体にも大きな意味があったからです。

例えば、1週間先の目標として何を立てるべきかを考える。そうすると、この科目はここまでやっていればいいだろうとか、この科目は進んでいないからもっとやるべきではないかということをいろいろ考えます。そうすることで、自分の到達点や学力のレベルを、客観的に見直す作業をすることになったのだと思います。目標を考える際、ある程度客観的な目で、いったん立ち止まって自分の立ち位置を見直すことになります。だから達成できなくても、目標を立てたということには、大きな意義があったのです。

長期的な目標は「仮」の意識で

他方、長いスパンの目標を考える際、大事なのは「仮の目標」という感覚だと思います。例えば、勉強のテーマを考えるにあたって、将来どんな職業に就きたいのか簡単には決められないと思うのです。だから「仮」の意味があるわけです。イメージとしては、間口を広くとっておいて融通が利くようにして、進むに従って少しずつ間口を狭めていく発想がいいと思います。ある意味、最初は気楽でいいのです。とりあえず決めてみて、その後もう少しいろんなことを勉強していくなかで、方向性をだんだんと決めていけばいいと思います。

あまり当初の目標にこだわってしまうと、道を誤ることがあるので、あくまで仮だと思ってやっていくほうがいいでしょう。

ただし、「仮」でも目標がないと、やっぱりだめだと思います。自分がこういう人になりたいとか、こういうことをやりたいという自分の行き先のターゲットがないと、結局ゴールが見えません。ゴールの方向性が見えないと、とんでもない方向に行ってしまう可能性があります。もちろん、多少はあらぬ方向に行ってもいいのですが、ある程度おおまかにでも、こういう仕事がしたいんだという目標地点があることが大事なのです。

もっと言えば、仮であっても、長期的な目標を持って、何かを目指して勉強していくことで、戦略というものが生まれます。

「目指すところは決まっていて、そこに向かってどうやって歩いていったらよいか」を選ぶために戦略が不可欠になってくるからです。

戦略といっても、何か厳しいことを考えて悩むような種類のものではありません。極端に言えば、自分がどれだけ楽な仕事ができるかを考えるのも、立派な戦略の一つです。

いずれにしても、ある程度明確な目標やゴールを設定しておいて、そこから逆算して考えて、「今何をすべきか」あるいは「3年後に何をすべきか」を絶えず考えながら勉強をするのと、目標なく勉強をするのではまったく違う結果になると思います。

とはいえ、最初からいきなり目標を決めるのはなかなか難しいのも事実です。自分なりの目指したい地点を探し出すために、ぶらぶら歩いてみたり、少し行って戻ってくるという試行錯誤は大いにやってみてほしいと思います。それでも、最初からゴールを考えない散歩とは、見かけは同じようにぶらぶら歩いていても、その内容や本人の意識はまったく違ってきます。だから、仮の目標が大事なのです。

コラム　たった一つの質問で道が拓けることもある

　ほんの少しのきっかけで人生が大きく変わることがあると、実感したことがあります。私の場合、そのきっかけは一つの質問でした。

　東京大学の大学院に入る前、東大の学部の授業にこっそり出席していたことがあります。慶応義塾大学経済学部の通信教育課程の科目試験を受けるため、日本に一時帰国したついでに、私は知人にすすめられて、伊藤元重《もとしげ》先生の授業を受けたのです。

　伊藤先生は、私が通信教育課程で参考書としていた『国際貿易論』の著者でした。この本には、私が関心を持っていた章があって、私の卒論もそこをベースにしたものでした。それで興味を持ったわけです。

　そのとき私は、『国際貿易論』で紹介されていた英語のテキストを読んでいて、どうしてもわからない部分がありました。そこで、授業が終わったところで、もぐりの学生にもかかわらず、ずうずうしく伊藤先生に質問に行ったのです。

　すると、伊藤先生はていねいに説明してくれただけでなく、私に興味を持ってくださいました。英語のテキストを持って質問に来た学生が珍しかったからかもしれません。

「君はどこのゼミの人？」と聞かれたので、一瞬うろたえましたが、しかたがないので正直に「東大の学生ではないんです」と答えたのです。そうしたら、なんと先生は「じゃあ、うちのゼミにいらっしゃい」とおっしゃるではありませんか。たった2、3分の会話でしたが、これが私の人生を変えることになったのです。結局、日本滞在を延長して先生のゼミに参加することになりました。どこの馬の骨かわからない学生に対して、ゼミへの参加を認めてくださった、伊藤先生の度量にはいくら感謝してもしきれません。

　道は思いがけないところから拓けてくるものだと思います。だから、あまり先を決めつけて、自分の可能性を狭めてしまわないことが大切だと思うのです。きっと、みなさんが、今考えている自分の可能性は、ほんとはもっともっと、ずっと広いはずです。

第4章 新しい分野に、どう取りかかり、学びを深めていくか

情報収集・資料収集について

最初から集めすぎないのがコツ

独学のための準備がひととおり整ったら、いよいよ実践に入ることになります。

といっても、あまり堅苦しく考えないことが大切です。とりあえず、何でもいいからやってみようという気分で、しばらく試行錯誤を続けるつもりでいましょう。

まずは、自分の関心のあるテーマが何となく決まったら、学びたい分野に関する情報や資料を集めることからはじめるのが一般的だと思います。学者が何かテーマを決めて研究する際も、過去の論文を集めたり、最新研究の動向をリサーチしたりと、資料収集は最初のステップになります。

資料収集では、つい情報や資料をできる限り多く集めようとしがちです。なかには、情報や資料を完璧に揃えて、きれいにファイリングするのが好きなタイプの人もいるようです。

でも、逆説的なことを言うようですが、私は最初はあまり資料を集めすぎないほうがいいと思っています。今はほうっておいても、いろいろな情報や知識が勝手に入ってくる時代です。勉強する前にあまりにもいろいろな情報に接しすぎるとそれで自分が納得してしまって、新しいアイディアや発想というのが出にくくなるデメリットがあると思うのです。

もちろん、まったく何も知らなければ新しいアイディアも出てきませんが、知りすぎてもよくない。そのあたりのバランスは難しいのですが、新しく独学をはじめようという人ならば、最初はあまり先入観がないほうが、意欲を持って取り組むことができるでしょう。

だから「走りながら情報や資料を揃えていく」くらいの気軽な気持ちでいるほうがうまくいくと思うのです。

最初から資料を揃えていても、関心がずっとそこにとどまるかどうかもわかりません。本を読みながら、そこに書かれた文献や参考書をいもづる式に見つけていけばいいのですし、読んでいくうちに新たな問題意識が浮かび上がれば、そこでまた違うテーマで情報や資料を集めればいいのです。

走りながら、その都度その都度探してくるイメージで

外から見れば、学者というのはさぞかし資料収集に時間をとっているんだろうと思われるかもしれません。でも、私の場合、新しい研究をはじめるときでも、最初の資料収集に費やす時間は、せいぜい全体から見れば1割から2割ほどです。世の中には情報も知識もそれらに関する学問的な蓄積も山ほどあります。それをすべて集めようと思ったら、ある意味ではきりがないのです。自分がこれから歩いていく道をすべてきれいに舗装しながら道路をつくろうとしたら、向こうに行くのに何十年かかるかわからない。そうであるなら、舗装され

ていようがなかろうが、多少危ない道があろうが気にせずに走るほうが大切だと思うのです。とりあえず、まず行き先まで行ってみる。その後、何か必要だったらもう一回戻って、そこをきれいにすればいいという発想です。

そもそも、資料をしっかり集めたら、しっかりわかるというものでもありません。そのあたりはあまり気にしないで、どんどん進んでいくのがいいと思います。

それは、例えてみれば、ジョギングをはじめる前に、まずウエアや高級なシューズを買い揃えるという人と同じパターンでしょう。実際に走ってみて、はじめてどんなウエアやシューズが自分に合うのかがわかってくるのです。最初から完璧に道具を揃えようとすると、それだけで疲れてしまったり無駄な労力やコストがかかってしまいます。結局、大事なところまでたどり着く前に力を使い果たしてしまいます。

学者の中でも、私は資料をあまり集めないほうかもしれません。それは情報を集めることより、じっくりと考えることが大事だと思っているので、そういう傾向があるのだと自覚しています。

資料収集というのは勉強が進むに従って、自分が関心を持ったり考えたいことについての資料が出てくるものなので、その都度その都度不足している部分をあちこちから探してくるのがいいと思っています。

まずはとっかかりの入門書を3冊買ってみよう

資料収集をしようとしても、何をしていいかわからない人もいると思います。そういう人には、とりあえず、入門書か概説書を読むことをおすすめします。

最初はその分野について本当に何もわからない状態なのですから、書店に行って、「わかりやすそうかな」「これがおもしろそうかな」という本を1冊と言わず3冊ほど買ってきましょう（もちろん、図書館などで借りてくるのでもかまいません）。

選ぶ際、目次などを見て、その分野全体が比較的広く見渡せる入門書を選ぶのがポイントです。

3冊を読みくらべてみると、何となく違いが見えてくると思います。どれが一番自分に理解しやすいか、関心を持てるか、という点で差が出てくることでしょう。前の章でも述べましたが、合わないと感じた本はどんどん読むのをやめてかまいません。一番自分に合いそうだと感じた本があれば、その1冊を少し詳しく読んでみる。そして、その本で紹介されている論文や資料をいもづる式に集めながら、読み進めてみましょう。もし、買った3冊ともだめだったら、また別の入門書を3冊選べばよいというくらいに気軽に考えてください。

最近ではインターネットがあるので本を探すのもずいぶん楽になりました。どういう分野の勉強をするかがある程度決まっていれば、アマゾンのようなサイトを使って書籍を検索してみるという手もあります。

ただ、簡単に説明してあるウィキペディアやブログは、この段階では避けておいたほうが無難です。それは、あまり簡単に説明されていると、その分野の奥行きがなかなか感じられないからです。だから、最初の段階では、本になっているものを読んでみましょう。

私自身も、こうした方法で本をよく選んでいます。同じ経済学の本であっても、少し分野が違えば私にとっては未知の領域ですから、まずはその分野のとっかかりとなる入門書あるいは概説書と呼ばれる本を探して読みます。

ちなみに私は今、将来の企業像について研究しているのですが、そこから派生して、株式会社の歴史を調べる必要が出てきました。それは、経済史や経営史の分野になるのですが、私にはその分野に関してほとんど知見がありません。そこで、書籍検索サイトに「経営史」という単語を入力して、いろいろと本を調べて、結局は学生向けに書かれたテキストを買いました（正確には、図書館でまず借りて、内容をパーッと見てから買ったのですが）。

当然、単語を入れて検索するとたくさんの本が出てきたのですが、その中から内容紹介やカスタマーレビューなどのコメントを読んで、なるべく広く概要が書かれていると思われる本を選び出してきました。入門書ですから、各論があまり詳しすぎず、これまでどんな研究がされているか、どんな流れでみんながアプローチしてきたのかということが、大づかみでわかる本がよかったのです。そして、その本の中で紹介されている本や論文を必要があれば、さらに入手して、という感じで、走りながらいもづる式に関係資料を集めていきました。

どんな本を選ぶべきか迷ったときは……

本を探そうとして、似たようなテーマでさまざまな本が出版されているときに、いったいどれを選んだらいいのか、わからない場合も多いと思います。例えば、マクロ政策やデフレ・インフレといったテーマでは、相当な数の本が書店の書棚に収められています。

本を選ぶときに私が重視するのは、当たり前のことですが誰が書いているかです。どんな学問でも同じでしょうが、経済学でもやはり、著者が誰かというのは非常に重要です。

初心者の人が読む本としては、きちんと学問を修めている人が書いた本がいいことは言うまでもありません。ただ、一般の人は、誰がきちんとしているのかわからない場合がほとんどでしょう。たくさんの本を書いている人がいいというわけでもないので、その点が悩ましいところです。ネットで検索すればいいかというと、それもまた疑問です。評価の星の数が多ければ良い本だとは残念ながら限らないからです。

そういうときは、やはり人に聞くのが一番です。私は、自分が関連していない分野については、何を読めばいいか迷ったら、自分が信頼できる人に紹介してもらうことにしています。ネットでいろいろな情報が手に入る時代なので、そんなこと検索すればすぐわかるよと言われそうです。でも、検索しても本当にどの本がいいかわからないというのはよくあることです。例えばどこかおいしいレストランを探しているときも、ネットで調べるよりも、そういうことに詳しい人に相談したほうが早くて確実に良い店を教えてもらえたという経験はありませんか？　それはネットの情報が不十分という場合もありますが、相手が自分のことを知っていれば、この人はどんなことが好きそうだといったことをふまえて情報を教えてくれるからです。

逆説的ですが、ネットの時代だからこそ大事なことは人に聞くのです。たとえ、いたといっても、いつも身近に詳しい人がいるとは限りません。としても、いちいち会って相談するのも気が引ける場合も多いでしょう。そういうときこそ、ネットをうまく工夫して活用しましょう。といっても、やみくもにネットで検索をかけるのではなく、できるだけその分野に詳しそうな知人で同じSNSをやっている人、同じコミュニティーで信頼できそうな人を探してネット上で質問するわけです。

不特定多数の人が投稿するサイトで評価を調べるのではなく、個人的に知っている人にネットで聞くのも一案です。

このように、独学といっても、わからないところはしっかりと人に聞くことは大切です。そのステップを踏むか踏まないかによって、勉強の効率もずいぶん変わってきます。同じネットの利用であっても、人に聞くということと、評価サイトを見るだけとでは、似ているようで大きく違うのです。

では、どうしても知り合いにその分野に詳しい人がいないときなど、人に聞けない場合にはどういう選び方をすればよいでしょうか。

その場合、書店でも図書館でもいいので、その分野についての本をたくさんばらばらと眺めてみましょう。当然のことながら、その分野の学者や研究者の間には評判の良し悪しがあって、たくさんの本を眺めていくと、そうした評判が少しずつ見えてくるのです。多くの本で紹介されていたり、良い評価をされているものは、少なくとも最大公約数としての価値はあると考えられます。

本の読み方

本の中に正解を探さない

次に本の読み方についてです。

以前、ゼミの面接でグループディスカッションをしたときのことです。まず、ある経済学の本の一章を読んでもらうことにしました。読んだあとに問題を出すのでと言って、とりあえず読んでもらい、「この章のどこが間違っていると思いますか」と質問をしました。

なぜそんなことをしたのかというと、それぞれの学生がどういう視点で本を読んでいるか知りたかったからです。先に問題を言うと、学生も私の意図を察知して、間違いを探すために批判的な目で本を読むことでしょう。でも私は、普段の学生の本の読み方を把握したかったので、あえて問題を教えなかったのです。

その結果わかったことは、ほとんどの学生が本の中身をしっかり頭に入れよう、一生懸命覚えようとして読んでいたということです。面接だから、とくにそういう読み方をした面はあったと思いますが、あまり批判的には読んでいませんでした。

このとき私が学生に読ませたのは、経済学的なミスや間違いのある文章ではありません。「あなたはこの文章のどこかに、自分では納得できない点やおかしいと思う点はないか。それを探してほしい」というのが私の出題意図でした。

その後、学生一人ひとりと面接をして話を聞いたところ、どこに間違いがあるのか探すというのは、とても難しいことだったようです。大部分の学生が、「この本のどこかに（誤字や脱字のような）明らかな間違いがあって、先生はそこを見つけられるかどうかを試しているんだな」と思ったようです。もちろん、なかには「ここが変だ」という意見をきちんと言える学生もいましたが、それは少数でした。

面接が終わってから、一人の学生が、「さっきの問題の答えを知りたいんですけど」と私に言ってきたほどです。その学生の発想では、問題には必ず正しい答えがある、○×式でいう×にあたることが厳然としてあるはずで、どうしてもそれを知りたかったのでしょう。

この本の中でも繰り返し述べていますが、みんなあまりに素直に本を読みすぎていると思います。これは受験勉強の弊害かもしれませんが、著者の論理展開で自分が納得できない箇所や、矛盾点を指摘する意識がそもそも薄いように思います。

本に書かれていることで正しくないことはたくさんあります。

本というのは、あくまで読者が自分で考えていくための材料でしかありません。本を読むのが大事だと言われるのは、書かれている内容に対して、自分がどう思うか、どう考えるか、疑問をぶつけていくことで自分なりの考えを深めていけるからです。もし、本を読めば、とたんに解決するという問題であれば、そもそもそれを学びのテーマとして設定する必要がないとも言えます。

私の研究の話で言えば、将来の企業像を考えるにあたって「なぜ大企業化が進んだのか」という問いが生まれ、そこから株式会社の歴史を調べる必要が出てきました。でも、関連文献をいくらきっちり読んだからといって、答えがそれですぐにわかるかどうかはまた別問題の話です。関連文献に答えがしっかり書いてあれば、それをわざわざ研究する必要もなくなってしまいます。関連する本とは別のアプローチが必要かもしれないし、あるいはその本が見落としたところに、いろいろと考えるヒントが本当はあるかもしれません。ですから、文献を読みながらも、それを全面的に信じることはせずに、絶えず自分の問題意識と照らし合わせながら、批判的に読んでいきます。そうやって、考えながら読む、その過程が学びそのものなのです。

これは経済学のような社会科学だけでなく、ほかの学問、例えば文学の評論でも同じだと思うのです。紫式部の作品について研究している学生が、彼女について書かれた文学評論をそのまま受け入れていたら、もうそれ以上の深みは出てこないでしょう。何の疑問も感じずに「ああ、そうなんだ」と読むのではなく、「本当にそこまで言えるのだろうか？」というような問いかけを絶えずしてこそ、その評論の持つ意味が理解でき、紫式部についての考えの広がりが出てくるのではないでしょうか。

本に書かれていることをただ知っただけでは学んだことにはならないのです。

入門書・概説書は2段ステップで読む

もっとも、初めて学ぶ分野で、いきなり疑問を持って本を読めと言われても難しいでしょう。とくに、前述の学生の例を見てもわかるように、多くの人は批判的に本を読むこと自体初めての経験で慣れていないと思います。そこで私がおすすめしたいのは、2段ステップで本を読む方法です。

最初のステップでは、書かれているものをそのまま受け入れてかまいません。ここはざっとでいいので読んでおくという作業をします。いきなり疑問を持ちながら読むというのではなくて、内容をある程度理解しながら読むということにまずは主眼を置くわけです。

そして、それがある程度できてきた段階で、次のステップとして同じ本を批判的に読んでみたり、疑問点を探しながら読んでみるという方法をとるのです。

つまり、本は少なくとも2回読む必要があります。1回目は、書かれているものをそのまま吸収するという意味で内容を理解する。そして2回目は、少し疑問を持ちながらもう一度読むことで理解を深めていくわけです。

例えば、好きな映画を何回も見ると、最初見たときには気づかなかった背景の意味に気がついたり、セリフの意図がよくわかったりと、そのたびに違った発見をすることは多いと思います。それと同じで、繰り返して同じ本を読むと、少し余裕を持って読むことができるため、疑問点を探したり批判的に読んだりすることが容易になるのです。

実は本を2回読むというのは、私が独学をしていたときに考えた方法です。独学の場合、初めて学ぶ学問で、すぐ聞ける先生はまわりにいません。先生に教わる場合のメリットは、先生が強調してくれたり、繰り返し説明してくれたりするところが、大事な点だと自然とわかり、ポイントが把握しやすい点です。でも独学の場合、本やテキストを読んで自分なりに要点をつかんでいかなければなりませんでした。そのため、いろいろと試行錯誤をした結果、2回読むという方法にたどり着いたわけです。1回目の読書は、割り切ってどこが大事かわからなくてもしょうがないと思って読むようにしました。そこでは通して読むことに重点を置いたのです。そのあと、もう1回読み直してみると、大事なところがそれなりに見えてきます。とりわけ通信教育で大学の勉強をしたり、自分で公認会計士の試験勉強をしなくてはいけないときには、2回読むという勉強法はずいぶん役に立ちました。

また、1回読んだあとすぐに2回目を読むのではなく、その前に別のテキストを読んでみる。それからもう一度最初の本に戻るとより効果的な場合が多かったと思います。

それから、もう一つ大事なことは、いきなり読もうとするのではなく、とりあえず自分が目指している何か、自分が得たいものやわかりたいことなどをぼんやりとでもいいから持っておくことです。それを少しでも解明したいという目的意識を持って読んでいくと、頭に入りやすいことが多いと思います。

その応用的な勉強法ですが、私は高校の勉強を独学でやっていたときには、しばしばテキストより先に問題集を見るという勉強の仕方をしていました。もちろん、テキストをまだ読んでいないので、その問題集を解けるわけがありません。だから、「解く」のではなく「見た」のです。でも、見ることによって、どんな問題が解けなければいけないのか、どんな問題が解けるようになるためにテキストを読むのかが明確になって、テキストを読む際に、ポイントをつかみやすかったのです。このように問題集という目的を先に把握したうえで、テキストを読むというのは、資格試験の勉強のように問題集がある勉強には比較的有効だと思います。

わからない用語は無視、本の基本コンセプトをつかむ読み方を

入門書だからといって、隅から隅まで理解しようと思わないことです。初めての分野では、概説書であっても難しい専門用語が書かれていますから、それをいちいち緻密に調べながら読もうとしたら、間違いなく途中でくじけてしまいます。

いわば、入門書や概説書というのは、その分野全体を大づかみにして、どこを深く掘っていきたいかと考えるためのガイドと位置づけたらいいのだと思います。

最初は目次を見て、自分に必要そうなところだけを、とりあえず見てみるというのでもいいと思います。必ずしも頭から読む必要もありません。

先ほどの私が読んだ株式会社の歴史に関する概説書の場合でも、正直に言えば本の中身は、私にはわからないことが結構あって、用語もわからないところもありました。でも、いちいち気にしないんです。この私の感覚は普通の学者の感覚と、もしかするとちょっと違うのかもしれません。仮にも経済に関連がある分野なのに、経済学を教えている立場で、学生向けの概説書の中でわからないところがあるというのはすごく恥ずかしいことだと思う人も多いでしょう。ですから、本を読むにせよ全部ちゃんと理解しなければと思う研究者も多いのかもしれません。

でも、私は本から得られる何らかの情報や知識をもとに、自分なりに考えていく過程のほうが勉強するうえで大事だと考えていますから、本を完璧に理解することに時間と労力を費やすのは無駄だと考えています。わからない単語があっても別にいい、わからない内容があっても別にいいというふうに割り切って読んでいってかまわないと思っているのです。

ただし、その本の基本コンセプトや基本の考え方については、きっちりわかるように読むことは大事だと思います。入門書や概説書といっても、初めての分野なのですから、要点だけつまみ食いというのはなかなかできません。ですから、その本やその分野の勘所がわかるまでは、少し精読する必要があると思います。本を書いている著者には何か大きな考え方があって、一つひとつ組み立てながら書いているはずなので、そういう何かベースとなる考え方をおぼろげながらでもいいから、理解できるまでは、ある程度しっかり読んだほうがいいでしょう。

ですから、こうした意味でも、2段構えで読むことは意味があるのです。

1回目は書かれている内容をすべて受け入れるつもりで、ともかく読み進める。その目的は、筆者の考え方なりメッセージなりを理解することです。そこがある程度わかってくるまでは、少し腰を据えて我慢して読むことが必要です。

ただし、枝葉の部分や難解な部分には、あまりこだわることなく読み進めることです。最後まで読み進めてみると、途中でわからなかったことも、読み返してみて理解できることもあります。

考え方やメッセージがある程度理解できたら、2回目は勘所みたいなものをつかんでいくのです。そのときは、先ほど述べたように批判的な目を持って疑問を持ちながら読んでいきます。2回目は、興味ある部分を重点的に読んでいくのがいいでしょう。そのうえで、わからないことは、時間をかけて何度も読み直していけばいいのです。

もちろん、本にもいろいろあって、なかには用語解説に徹したものやデータ集のようなものもあります。その場合は、中身となる著者の考え方はないかもしれません。しかし、少しでも全体の構成を考えて書いてある本ならば、著者のそれなりのメッセージや思想が込められているはずなので、そこをできるだけ把握するような読み方がよいと思います。

マーカーを引くより、繰り返し読んだほうが身につく

本を読んでいくときに、ポイントとなる部分をマーカーや赤ペンを使って線を引くことがありますが、ここで注意があります。

それは、1回目に読んだ際にいきなり線を引かないということです。というのも、最初に読んだ段階で線を引いていくと、線やマーカーだらけになってしまうからです。初めて読んだときは、どの部分も大事に見えますし、新鮮な驚きもあるために、ついつい線を引きたくなってしまいます。とくに、良い本であればあるほど新しい発見が満載です。でも、それは初めて読んだからに過ぎなくて、本当に大事なポイントを、この段階で抜き出すのはなかなか困難です。そこでいいと思った部分に片っ端から線を引いていくと、きりがありません。あとで読み返してみても、どこが本当に大事なポイントなのかわからなくなってしまいます。

ですから、線を引くならば、2回目か3回目に読むときに引くのがよいでしょう。何回読んでも同じ部分で引っかかったり、興味を引かれたりする部分に

引けばいいのです。でも、2回、3回読むことで実はポイントが見えてきたら、マーカーを引くこと自体、本当は必要ないのです。もう、ポイントは理解できているのですから。もちろん、もし試験勉強で覚える必要があれば、覚えるポイントをそれなりに引いたり囲むことは意義があるとは思いますが。

入門書や概説書にしても、学ぶ本というのは、1回読んだだけでは、まず内容がわからないと思っていたほうがいいと思います。「わかる」というのは、実は非常に難しいことです。私たちのようないわば読むことが専門の人間でも、論文を1回読んでわかるということは、ほとんどありません。わかった気になっても、あとになって、その論文を発展させて何か自分で論文を書こうとしたときに、いろいろなところでつまずいてしまい、実はあのときは「わかったつもり」で本当はわかっていなかったんだと気がつくこともしばしばです。

書いている本人ですら、よくわかっていないこともあります。ですから、本を読み終えたからといって、簡単に「わかった」と思わないほうがいいと思うのです。表面的に字面を読み終えたということと、書いてある中身が本当の意味で腑に落ちた、わかったということの間には、それこそ相当大きなギャップがあるように思います。

たとえ、記憶力がいい人が内容を丸暗記できたとしても、それは「わかった」ことにはならないのです。2度、3度と繰り返して読み、自分の中で消化して「なるほど」と心底納得できて、ようやく道半ばというイメージです。

著者の立場で「自分なりの答え」を考えていくトレーニング

疑問を持ちながら本を批判的に読めるようになってきたら、今度は自分の疑問に対する答えを考えていくトレーニングです。その効果的な方法は、本を読むときに、著者の立場と読者の立場と、行ったり来たりして自問自答しながら読んでいくというものです。

例えば、まずは読者の立場で、「こういうときはどうなんでしょうか?」と問いかけを発する。そうしたら、次に著者の立場になって考えて、「それはこういう理由なので、そのときも同じことが成り立つ」と答える。さらに、もう

1回読者の立場から、「じゃあ、次にこういう場合はどうなのか?」というように、自分の中で問いと答えを繰り返していくのです。自分が出してきた異なる具体例に対して、著者の立場で答えることができてはじめて、「自分なりに考える」と言えるのだと思います。そして、そのプロセスを通じてこそ、書かれたことが自分の身につき血となり肉となるのです。

本の内容を「理解する」、あるいは「わかる」ということを、私はこのように考えています。逆に言うと、こういう自問自答しながらの読み方をしないで、どうすれば本の内容を理解できるのか、私にはわからないくらいです。私は独学で勉強をしてきたときからずっとそうやって本を読んできました。

とはいえ、学校ではこうした本の読み方をほとんど教えてはくれません。ですから、突然こんなことを言われて面食らったり、最初はピンとこない場合もあるかもしれません。それでも、意識して自問自答することを繰り返していくことで、だんだんとそういうクセがついてきます。

私のゼミではテキストの輪読をするのですが、そのときに別の生徒から「ここがよくわからない」「なぜそうなるのか」という質問が出てくると、そこに当たっている学生が質問に答えるというスタイルをとっています。あるいは私自身が、「なぜそういう結果になったのか、もっときちんと説明してほしい」というように問いかけをすることもあります。

そうすると、必然的に準備段階で、当たっている生徒は、どんな質問が来るかを考えるようになりますので、テキストを読む際から想定問答を考えながら自問自答しながら読むようになるわけです。そうしたトレーニングを繰り返していけば、普段どんな本を読むときにでも、自問自答するクセがついてきます。

独学で本を読んで学ぶという場合、そのまま読むと一方的に著者が語りかけてくるという形になりがちです。その語りかけを一方的に受け入れるだけならば、講演会に例えてみれば、大会場で講師が言ったことをただ聞いて、ひたすらメモをとっているような状態です。それに対して、自問自答する読み方は、少人数の講演会で先生と対話をしながら進める状態に近くなります。対話をしながらのほうが深く理解できることは言うまでもないと思います。

何かを学ぶというのは、考えるということです。つねに頭の中で自問自答しながら、立ち止まったり、行きつ戻りつしながら、徐々に深めていくのが学問の本来あるべき学び方だと思うのです。

ノート・メモについて

私がノートを作らない理由

独学というと、参考書を読みながらせっせとノートにメモをとっている様子をイメージする人も多いでしょう。書店に行っても、ノートのとり方をテーマにした本をよく見かけます。ノートをきちんととることが、勉強の基本だと思っている人も多いのではないでしょうか?

でも、私はそうは思いません。私自身ノートにまとめたり、メモをつくるということは、ほとんどしていません。ノートに書く時間と労力があれば、もう一度本を読み返して、自分の頭に入れることが大切だと思うのです。もし、書かないと大事なポイントが頭に入らないのなら、そもそもそれは自分にとって必要ではないことだと思うのです。

私は、自分の失敗からこのことを学びました。中学生になったばかりの私は、期末試験対策として、本やテキストを読んで大事だと思ったことがらを懸命に抜き書きして、きちんとしたノートをつくろうと思いました。そして、そのきれいなノートをしっかり覚えれば完璧だと思ったのです。ところが、書くことに時間と労力を使いすぎて、結局何も頭に残らず、結果は散々でした。

そもそも、私たちはなぜノートやメモをとりたがるのでしょうか。おそらく、それは読んだことを忘れたくないという強迫観念があるからではないでしょうか。試験勉強の習性の名残《なごり》かもしれません。

でも、よく思い出してみてください。多くの場合、書くと忘れてしまうのです。例えば、大事なスケジュールを手帳に書き込むのは、そのことを頭から消すための行為です。手帳に書いたとたんに忘れてもよくなる。それで気が楽になるわけです。

メモをとるのも同じことで、書いた瞬間に頭の緊張感がなくなり、無意識のうちに「書いてあるから大丈夫」と思ってしまう。

でも、いくら膨大なメモを持ち歩いていても、いつもつねにタイミングよく必要なものが出てくるわけではありません。やはり、自分の頭に入っていないと意味がないのです。

本当に覚えておくべき大事なことがらというのは、何度もそうした話題が出てくるたびに、頭の中に付箋が貼られるようにして記憶されます。時間がたつにつれて、はがれていくのですが、また別の機会でその話題が出てくると、またペタッと貼りつけられます。

こうして、何度も繰り返していくことによって、記憶がはがれにくくなるわけです。逆に、はがれたままのことがらというのは、あまり出てこない話題なのであり、それほど重要なものではなかったと考えればいいのです。

思いついたアイディアなど断片的な情報はメモをとる

もちろん、私も、これまでにまったくメモをとらなかったわけではありません。私は、数字を暗記するようなことが苦手なので、本当に覚えておかなくてはいけないデータはノートにメモをしていました。

10年前の日本のGDPがいくらだったとか、インフレ率が何%だったとかというのが、すらすら出てくる学者さんがいますが、私はそういうタイプではありません。ところが、原稿や論文を書くときには、そうした具体的な数字を入れる必要があるので、必要に迫られてメモをしていたわけです。さらには、そうした統計資料をもっと集めて、きちんとファイルして保存しておくといいかもしれないと考えたこともありました。

ただ、それも最近は必要ないと思うようになりました。なぜなら、ネットの検索技術が急速な進歩を遂げたので、いつでもどこでも簡単に必要な数字が引き出せるようになったからです。

第1章では、情報技術の発展にともなって、情報を集めるだけでは価値がなくなったという話をしましたが、それはこうした学問の仕方にも影響を及ぼしているわけです。

今、私が学問上でメモをしているのは、自分が思いついたアイディアの断片、人から得た断片的な情報のようなものだけです。人から得た断片的な情報というのは、例えば教えてもらった本の名前、法律が改正になりましたよといった事実などです。

また、スピーチ原稿をつくるときのストーリーや話のタネもメモをすることがあります。つまり、メモというのは、断片的な情報を忘れないように保存したり、すでにわかっていることを整理したりするときに有効なのです。本を読んで理解しようというときには、あまり有効ではないと思います。

本を読んでいて、メモしないと覚えられないようなことならば、忘れてもいいくらいの気持ちで取り組んだほうがいいでしょう。

高校の中間試験や期末試験のように、取りこぼすわけにいかない情報があるならば、試験の直前に重要なポイントをメモして覚えなくてはならないかもしれませんが、短期的な視点で実力を問われることがなければ、大切なのは自分の頭に残るかどうかが問題なのです。ですから、メモをすることで安心している方は、思い切ってやめてみてもいいと思います。

要点はまとめない、要約もしない

よく、「長い文章を読むときには、要点をまとめることが大切」「全体の要約をする力を養うことが読解の近道」という人がいます。

しかし、私はそうは思いません。学問をきちんと学ぶという観点からすると、要点をまとめたり要約したりする作業は、マイナスのほうが大きいと考えています。

確かに、学生に簡単に良いレポートを書かせるには、そういう作業も必要でしょう。実際にそうした指導はします。良いレポートを書くためには、何本もの論文や本を読んで、これは実例を挙げているもの、これは主張しているもの、これは論理というように、それぞれをうまく要約して項目ごとに分けることに意味があります。そうすると、比較的短時間に良いレポートができあがります。また、シンクタンクのようなところでも、膨大な情報を集めてきて手早くレポートにまとめるという作業が大切ですから、そうした能力をつけることには意味があります。

ところが、この本で追求しているような、自分が深く考えていくために勉強するというときには、下手に要点をまとめたり要約をするのはマイナスになると思うのです。なぜなら、そうすることで、本当は理解できていないのに、わかった気になってしまうおそれがあるためです。表面をうまくまとめるという作業に意識が奪われてしまい、内容を深く追わないクセがついてしまうのです。

例えば、デフレについて論じた本を読んだとしましょう。すると、たいていの本には、「インフレにするべきだ」ということが書かれています。一方で、「デフレでもいい」と書いてある本もあるでしょう。

これを要約しようとすると、「A氏、B氏、C氏は、インフレ傾向にすべきであると主張している。それに対してデフレを容認するのがD氏である」と書いて、最後に総括すればきれいにレポートとしてまとまるわけです。

ところが、一口にインフレがいいと言っている人にも、それぞれの理由があります。A氏とB氏とC氏では結論は同じであっても、それを裏づける理論はまったく違うかもしれませんし、どの程度のインフレがいいのかという許容度は異なるかもしれません。

うまくまとめてしまうと、そうした重要な情報がごっそり抜け落ちてしまうだけでなく、まとめている本人も深い理解ができなくなってしまうのです。

逆に、もし深く掘り下げて読もうとするならば、すぐに短くまとめることなどできないことが身に沁《し》みます。本当にその学問の内容をよく理解しようと思ったら、そうした深みにはまっていって、少しの間、もがいてみるといった作業がどうしても必要になってくるのです。

つまり、単に字面だけを追うよりも、本当にその人が何を考えているのか、またどういう思想を持っているのか——そうしたことをわかったほうが、本当の意味で役に立つ勉強になると思うのです。

ネットを見ればどこも情報だらけですから、多くの人は、とにかく字面を追うことに追われて、表面的にわかったような気になっているように感じます。でも、そんな時代だからこそ、むしろ深く掘り下げながら読むことに意義があるのだと思います。

コラム　大学の講義やカルチャーセンターをうまく利用する

私が高校に通わずに独学で勉強していたというと、さぞや人間嫌いで「孤高の人」なのだろうと想像する人が多いようです。

確かに、そういう理由で独学を選ぶ人もいるかもしれませんが、私は少なくとも他人とのコミュニケーションが嫌だから独学を選んだわけではありません。高校時代をブラジルで過ごしたこともあり、独学でも大丈夫ではないか、そのほうが効率的かもしれないと思って選んだに過ぎません。むしろ、普段は一人でいるほうが苦手な性格で、小学校のときも学校のない日曜日や夏休みに一人で遊ぶのが嫌で、いつも友達と一緒に遊んでいるような子どもでした。

今でも、一人でいるよりも、みんなと一緒に飲んでいるほうが楽しく感じるくらいですから、「孤高の人」というイメージからはほど遠いと思います。

もっとも、小学生時代を過ごしたシンガポールから帰ってきて、日本の中学に通いはじめたころは、人との距離感にやや戸惑ったことはありました。どの社会にも、「この程度の親しさの人には、このくらいの距離感で接する」という暗黙の了解がありますが、自分のとっている距離感が日本のそれにかなっているかどうかは、いま一つ自信がありませんでした。

自分としては十分に溶け込んだつもりですが、はたして周囲はどう思っていたか。上級生が私のことを「あいつは生意気だ」と言っていたというのは耳に入ってきましたが、それでもとくに大きないじめに遭うこともなく、中学時代を過ごすことができました。

では、現在大学にいて周囲とはどういう関係で研究をしているかというと、簡単に言えばチームプレーと個人プレーの二本立てです。

人と一緒にいるのが好きなので、研究活動でもチームプレー――つまり共同研究もしています。それと、個人で勉強をしたり、自分自身で勉強プランを立てるというのはまた別のことだと思います。

これは、野球やサッカーの選手を考えてみるといいかもしれません。こうした団体競技は、チームプレーが必要なので合同練習が欠かせないのは言うまでもありません。しかし、それと同時に、個人の力を向上させるために、個別にピッチング練習やらシュート練習も必要になってくるわけです。そうでなければ、レギュラーにはなれません。研究活動も、そんな感覚でとらえるとわかりやすいと思います。

チームプレーと個人プレーのどちらか一方を選ぶというのではなく、両方のいいところどりをすればいいのです。

実は、独学も同じことです。独学をはじめたからといって、クラスやサークルには入らないと決めつける必要はまったくありません。たまたま、ブラジルで独学をしていた私の場合は、周囲に同じ境遇の人間がいないというかなり特殊な環境だったので、完全に一人で勉強するしかありませんでした。でも、そうでなければ、使えるものは何でも使えばいいのです。

独学をサポートするものとして、大学のクラスに顔を出したり、カルチャーセンターに通ってみたりするのも、けっして悪いことではありません。むしろ、うまく利用することが大切だと思います。

第5章

学びを自分の中で熟成・加工し、成果をアウトプットする

専門書を読んでみよう

専門書こそおもしろい

学者を目指さない人であっても、入門書や概説書を読んで終わりにするのではなく、さらに専門書へと向かっていってほしいと思います。入門書では、その分野のおおまかな考え方や学問の勘所をつかむことはできますが、残念ながら学問のおもしろさは少ししかわかりません。

こんな言い方をしたら怒られるかもしれませんが、その分野を専門にしている人から見ると、入門書というのは、出がらしのお茶のようなもので中身が薄いのです。書く立場からしても、特殊な入門書であれば別ですが、一般的なシンプルな入門書にはあまりメッセージを込めることができないからです。だから正直言ってあまりおもしろくありません。

その点、専門書になると、著者は自分が言いたいことやオリジナルの発想をダイレクトに書くことができます。一般的には専門書というと堅苦しくて、難解で無味乾燥なイメージを持っている人が多いようですが、そんなことはけっしてありません。むしろ逆です。ですから、読む側としても、そこに込められた思想や考え方を読み解く楽しみがあるのです。

専門書は、端から端まで精読する必要はまったくありません。関心が持てて食いつけるところを読めばいいのです。入門書は、まずその分野を大づかみに全体像を理解する必要がありますから一応全体を見渡す必要がありますが、専門書はそんなことを気にすることもありません。そもそも特定のことしか書いていないので、その中の半分だけ読もうが3分の1だけ読もうが、まったく問題ありません。

また、独学だけで専門書が読めるレベルに達するのかと心配する人もいるようですが、それも心配ありません。分野によっては、数式がずらりと並んでいる数学の専門書のようなものもあって一筋縄ではいきませんが、別に「ほとんどわからなかった」ということでもいいのです。その人なりの読み方ができればいいのですし、わからないなりにも、格闘していくと何となく見えてくるものもあるからです。

私は仕事がら経済学だけでなく法学関係の専門書を読む機会も多いのですが、法律の専門家ではないので、正直言ってその内容はほとんどわかりません。でも、自分で理解できる範囲のことだけでも理解できれば、論文を書く参考にもなりますから、十分に読んだ価値があると思っています。

たとえ、論文を書くのに役立たなかったとしても、その本から何らかのメッセージがもらえて、それで私自身も何か感じることがあれば、それだけでも本を読んだ意義はあるのではないでしょうか。

その点、日本人は勉強をしたり専門書を読んだりするときに、生真面目すぎると思います。書かれたことをきちんとマスターして、もし試験があったら100点をとれるくらいに理解しなくてはいけないという強迫観念があるような気がします。

でも、少なくとも独学をしている限り、好きで勉強しているのですから、それほど堅苦しく考える必要はありません。専門書の正しい読み方などというのはありませんし、極端なことを言えば、著者が言いたかったこととは違う意味で受けとめても、それはそれでかまわないと思います。要は、本人にとって何か残るものがあればいいのです。

もちろん、客観情報として伝えているもの――例えば、「今年のGDPはプラス2%だった」といったようなことは、間違って理解してほかの人に発表してしまうと、誤りの情報を広めることになるために問題ではありますが、そういう事実関係については、間違って理解することは比較的少ないでしょう。

そうでない、例えば抽象的な部分については、まったくわからなくても気にすることはありません。むしろ、「わからないということがわかった」というくらいの開き直りの気持ちで、どんどんと読んでいくほうがいいと思います。

専門書こそ思い切り自由に読んでほしいのです。意味がわからなくてもいいし、10人いれば10通りの解釈があって全然問題ないというのが正しい専門書の読み方だと思います。

著者とけんかしながら読む

私にとって専門書を読む楽しさは、著者とけんかをすることにあります。入門書を読むときには、「書かれていることを疑うのが大切だ」と書きましたが、専門書を読むレベルになったら一歩進んで、絶えずけんかを売りながら読むことをおすすめします。私は、けんかすることに専門書の醍醐味があるとさえ思っています。

どんな専門書でも、それぞれ「世の中はこうなるべきだ」「こんな政策をとるべきだ」といったように、独自の主張が展開されています。それに対して、私はいつも「あなたの言っていることには矛盾があるんじゃないか?」「そんな考え方はどんな場合でも通用するわけではないだろう」とけんかをしながら読んでいます。

「けんか」という言い方が適切でないならば、「反論しながら読む」と言い換えればいいかもしれません。単に著者のことを批判するのではなく、反例を挙げたり、自分自身の理論を組み立てながら読むのが理想的です。

実は、学生が論文を書くトレーニングとして、私はこの方法をとっています。具体的に言うと、論文を１本読んだら、その著者に反論できる部分を最低３ヵ所以上は見つけるようにと言っています。著者と違うことが言えれば、それがそのまま自分の論文のテーマやネタにできる可能性があるからです。

もちろん、反論できる部分が見つかっても、すべてが実になるわけではありませんが、そうした目を持って他人の論文を読めるようになることが、良い研究者になるための第一条件です。

逆に言えば、頭が良くても素直すぎる人は、なかなか他人の論文を疑って読めないので学者には向いていません。論文を読んで、「なるほど、よくわかりました」といって、すべてを吸収しておしまいになってしまうからです。

私は、仕事の文章だけではなく、新聞や雑誌を読むときにもつねに反論をしています。その態度は、経済関連だけでなく、法学、政治学といった社会科学系はもちろん、医学や生物学のような分野の話題でも変わりません。もちろん、まったくの門外漢である話題――例えばｉＰＳ細胞（人工多能性幹細胞）の話については、まず事実や理屈を素直に受け入れるという段階があります。だからといって、書かれている意見まで全面的に信用することはせずに、「ほかの人に言わせれば、また別の意見が出てくるかもしれないな」といった留保条件をつけて頭の中に置いておきます。

反論しながら読むという力は、学者に限らず、これからの時代には欠かせない能力だと思います。自分の頭で考える能力を身につけるというのは、偉い先生が言ったことを鵜呑みにするのではなくて、自分なりに組み立てて、偉い先生とは違う理屈を語れるかどうかだと思うのです。それを意識しているかどうかで、本の読み方はまったく違ってくるでしょう。

学びを熟成させるプロセス

「熟成」は勉強において一番大事な工程

第1章で私は、勉強とはいわば加工業のようなものと定義しました。いろいろな知識や情報という材料を取り入れて、それを自分の中で加工して違った形にして出していくということです。そして、加工するうえで一番大事な工程が、自分の中で「熟成させる」という過程だと述べました。即席生産、促成栽培の時代だからこそ、得られた知識や情報を自分の中でどう加工するかをじっくり熟成させ、自分なりのオリジナルな考えや発想を生み出していくことが大事になってくるのです。

とはいえ、「熟成させろ」と言われても、具体的にどうやっていったらいいのか、わからないという人が多いと思います。

ここでは、熟成させるためのヒントになりうる視点について、私なりに考えていることを追加的にいくつか述べていきたいと思います。

ものごとを「普遍化」させていく

そもそも、経済学や歴史学のような社会科学系の学問を学ぶ場合、最終的には社会をどのように理解するのか、その理解の仕方を身につけるところに意義があります。例えてみれば、社会というとりとめのないものを料理するために、その道具として包丁や料理用具を手に入れるようなものです。

社会で起こっている出来事や自分の目の前に起こっている現象を、自分なりにどう理解して、どのように解決に持っていくのか。仕入れた知識や情報を材料にして、そこまで自分の中で考えを深めて、実際に役立たせていくことに、学問をする意義があります。

歴史の勉強で例えてみましょう。歴史を学ぶ意義は、単に年号や事実を記憶するものだと考えている人も多いかもしれませんが、私はそうではないと思います。人によって意見は分かれるでしょうが、私は歴史から未来へのアドバイスをもらうのが目的だと考えています。

もちろん、歴史の出来事をそのまま教訓に使えるわけではありません。

そこでヒントになるのが、「普遍化」というキーワードです。

「普遍化」という視点を持って、17世紀のオランダで起きた、いわゆるチューリップ・バブル以来のバブル経済の歴史を勉強していけば、現在起きているバブル的な経済現象がどう推移していくのかの見当がつきますし、将来バブルが起きたときに対処の仕方や起こった原因などを理解できます。

このようにさまざまな歴史上の出来事の中から、時代や地域の違いを超えた「普遍的な構造」を見出すことが重要です。

この普遍化の作業がなければ、歴史で学ぶことは過去の一事例に過ぎず、使いものにならないと思うのです。それは歴史に限らずあらゆる学問で言えると思います。

ところが、残念ながら小中学校では何のために歴史を学ぶのかということを教えてくれません。織田信長が本能寺で暗殺されるまでの過程を覚えることが、なぜ必要なのでしょうか。日本人の一般教養として覚えるべきであり、話題に出てきたときに知らないと恥ずかしいからという人がいますが、私はそうは思いません。

表面的な歴史的事実は何もしなければ単なるデータに過ぎません。その歴史的なデータを自分なりに分析しながら、組み立て直したり、なぜこの事件が起きたのだろうと考えたりしながら、何か未来の自分たちに生かすメッセージを受け取ろうとして歴史を学んでこそ、意味があると思うのです。

だからこそ、歴史的な事実から、いつの時代にも通じる普遍的なストーリーを読み取るという「普遍化」の作業は重要なのです。

これまでも、疑って読め、著者とけんかしながら読め、自問自答しながら読め……と、いろいろな読み方をすすめてきましたが、そこにもう一つ「普遍化」という物差しを加えてほしいと思います。

それによって、自分なりに理解してきたものが、もう一段階熟成されていくきっかけになるのではないかと思うのです。さらには、現在の自分が置かれている状況を、今よりも俯瞰して見られるようになるでしょう。それができれば、学問というものが、机上の空論に終わらず現在や未来に生きたものになるはずです。

似たものを「関連づけて」いくことで、本質をとらえる

では「普遍化する」ためには、具体的にどのようなことをすればよいのかをお話ししましょう。

一番わかりやすいのは、「これと似たような話はないか」「別の状況でも同じようなことがあてはまらないか」と考えることです。これが普遍化の一つのやり方です。

たまに、まったく違う二つの分野を関連づけていくのに長《た》けた人がいます。先日テレビで、理科系の話とインド哲学の話をリンクさせて話をしている人を見ましたが、その人はまさしく、別々の話に共通することがらを見つけ出して、普遍化しているわけです。

このように、まったく違う二つのことがらに対して、似ている点や共通した構造があるのだと関連づけるわけです。この能力は、学問をするうえでも、実生活でも非常に役に立ちます。ものごとを深く理解する助けにもなりますし、運がよければ新しいビジネスにつながる可能性もあります。

また、この能力を養うには、違う学問分野の勉強をしておくことも有効です。現実問題としては、経済学者であっても、経済や金融の理論を知っているだけでは通用しない時代になってきています。一つの専門分野にとどまらず途上国援助や子育てについて議論できるような能力も必要になっています。このような、複数の分野を理解することの重要性は、学者に限らず、あらゆる学問や勉強に通じることだと思います。

そして、「これとこれは本質が同じだな」「この二つには共通点があるので結びつけて考えることができるな」というように、絶えず関連づけを探し出してくるクセをつけることが大事です。そうやって探すことが、その学問の本質をあぶり出す良い訓練になるでしょう。なぜなら、本質がわかってないと、表面的に違うもの二つを結びつけることはできないからです。

「この話の本質は何だろう」とダイレクトに問われても、本質が見えにくい場合も多く、なかなか答えることができません。でも、似たものを探す作業を通じて、普遍的な構造を見つけ出すことが、結果的に本質を理解することにつながるのです。

もちろん、まったく違う分野のものを三つも四つも勉強するのは大変です。ですから、多少は自分の中で関連があったり、つながりがどこかであることを、二つくらい選んで勉強するのがいいのではないかと思います。

例えば、西洋史を学んでいる人が、クラシック音楽についても勉強するといいかもしれません。

なかには「一つの分野でも精一杯なのに、二つも勉強できない」という人がいるかもしれませんが、これが意外にも副産物がたくさんあるのです。一つに集中して勉強していると行き詰まってしまうことがあるのですが、もう一つのことを勉強することで、いろいろと違う発想が広がっていくのです。先ほどの西洋史とクラシック音楽の例で言えば、それぞれの分野で学んだことが補い合って、時代背景が立体的に見えてくるかもしれません。またクラシック音楽に表現された宗教観を知ることで、西洋史の出来事をより深く理解することにもつながります。より普遍的な構造を見つけやすくなると思うのです。

それと同時に、本や新聞を読んだり、テレビでニュースを見たりして、何か情報が入ってきたときに、それだけに終わらせないで、その周辺のことを少し考えるクセをつけることも「普遍化」には役に立ちます。

先日私はテレビのニュースで総務省の委員会が電波利用料をどうするかについて検討する話を耳にしました。電波利用料とは、テレビ局や携帯電話会社が払っている利用料で、税金に近いものですが、そのとき「じゃあ、これからテレビはどうなっていくのか」「携帯電話事業の行く末はどうなるのか」と、周辺に付随することがらに興味を持ちました。今はすぐにネットでいろいろな情報を集められるので、その場で少し調べてみるだけでもどんどん興味が広がっていきます。

そういう視点を持って、毎日を送っていれば、ふとしたきっかけで、考えてきた別々のことに意外なつながりが見つかったり、思わぬことに結びついてくる可能性はたくさんありますす。勉強は机に向かわないとできないものではありません。ちょっと視点を変えれば、毎日の日常生活の中でも、考えを深めるきっかけはいくらでも転がっているのです。

学問と現実を関連づける能力「応用する力」をつける

「普遍化」と同じように、勉強を深めるために大事な視点に、「応用する」というものがあります。

繰り返しになりますが、学問というのは過去にわかったことを学んで終わりではなく、今、目の前の現実の世界で問題や課題に直面したときに活用できて、はじめて意味を持ちます。

そして、学問を現実問題に役立てる際、学問と現実を関連づける能力――「応用する力」が必要になります。

いわば、「応用する」ということと、「自分なりの答えを出す」ということは同義と言えます。

もちろん一方で、世の中には応用力をほとんど必要としない勉強もあります。ごく簡単な試験勉強がその代表で、例えば運転免許の試験というものが挙げられます。「この標識はどういう意味でしょう」「こんな運転は良いのでしょうか悪いのでしょうか」という問題が出題されて、そこにはひねりもありません。基本的にそのまま暗記すればいいのですから、まったく応用力を必要としていません。

ところが、現実に役立つ勉強のほとんどは、暗記したものをそのまま使うというケースはまずありません。その場その場に応じた応用問題を解かなくてはならないのです。応用が利かなければ、現実社会には役立ちません。応用力こそがその人の独創性や発想力を試されると考えればいいでしょう。

そのために大切なのは、つねに何か新しい情報なり知識に触れたら、その話がどこまでほかの事例に応用できるかというところまで考えることです。

例えば、アフリカの発展途上国への援助について、その成功事例を書いた本があったとします。それを、途上国開発に関心がある人が読んだとして、そこから何を学ぶことができるでしょうか。ただ、「うまくいったんだ、それはよかった」では、現実世界の課題に対して役に立ちません。

大事なのは、どこまでが一般的に通用する話であり、どこまでがその国の特殊要因だったのかを考えることです。それによって、その国にしか通用しない話なのか、アフリカ全土に通用するのか、それともアジアを含めて世界的にある程度通用するのかということが見えてくるのです。

良い本であれば、そこまで議論して書いてあるでしょうが、たとえ書いていなくても、そこから自分で深めて読み取ることが大切です。一つの事例だけを書いた本からでも、その普遍性を判断したり、どういう条件ならうまく成り立つのかを吟味したりという思考実験を自分の頭の中でしていくことが学びを熟成させていくうえで大切なのです。

頭にいったん入れたことを「揺らしてみる」

応用力をつけるには、さらに二つの要素が必要だと私は思います。

一つは、まず基本をしっかりと押さえること。基本があっての応用ですから、基本をないがしろにしてはいけません。ごく簡単な例を挙げれば、小学校の算数の問題で、教科書に「赤鉛筆が4本と青鉛筆が2本あります。合計で何本ですか」という練習問題があったとしましょう。この問題と答えだけを必死に暗記しても、「緑の鉛筆が3本、黒の鉛筆が7本、赤の鉛筆が2本あったら、合わせて何本でしょうか」という応用問題は解けません。ここで押さえておくべき基本は、足し算という概念を理解することです。足し算の概念という基本がわからなければ、鉛筆の種類や本数を変えたり、鉛筆以外のものになったとたんに頭が混乱してしまうでしょう。

当たり前だと思うかもしれませんが、これは大事なポイントです。ほかの例で言えば、歌舞伎でも落語でも、若手の演者がまずやることは、ただ真似ることです。自分でバリエーションをつけたりしたら、師匠からこっぴどく怒られるでしょうが、それは基本をまず身につけるべきだという考えがあるからです。

　それと同じように、基本が身についていないのに、いくら応用問題を解こうとしても、本質を理解できていないから、ちょっとでも難しい応用問題になると手も足も出なくなってしまいます。

　もう一つの要素は、基本を身につけたうえで応用に取り組む際に、基本から少し変化させるということです。応用問題の難しさというのは、基本問題のときとは状況が変わっていることにあります。それは当然のことで、状況が変わっていなければ応用にならないからです。

　ここで難しいのは、状況がどの程度変わっているときに、対応をどの程度変えるかという点です。「このくらいの変化ならば、基本とほぼ同じでやれるかな」「ここまで変化していたら、こちらもこの程度変えなくてはいけないな」という一種の「思考実験」が求められることです。これを私は、「揺らす」と表現しています。頭にいったん入れたことを「揺らす」のです。

「揺らす」というと抽象的でわかりにくいかもしれませんが、食べ物に例えて言えば、のみ込んだものが消化されているかどうか、揺らして試してみるのです。もし、まだ消化されていなければ、食べたものが口からまた出てきてしまうでしょう。でも、すでにしっかりと消化されて自分の血や肉となっていれば、揺らしても外に出てくることはありません。

この発想を学問にあてはめてみるわけです。つまり、本を読んで頭に入ったかどうか、学んだことについて別の角度から見たり、状況を変えたりして考えてみます。例えば、「違う状況を考えたら、そんな結果にならないのではないのか？」というように自問自答してみるわけです。そうして、土台を揺すってみて、それでもきちんと答えが出るようならば、自分のものになっていると考えられます。もし、それに答えられないようならば、それはよくわかっていないという証拠になるわけです。

実は、この「別の角度から見たり、状況を変えたりして」考えることこそが、応用問題を解くことでもあるのです。単に「応用問題を考えよ」と言われても、勉強しているのはたいてい未知の分野なのですから、そう簡単にはできません。

本に書かれていることを読んで、「ああそうなのか」と思っておしまいになるパターンが普通でしょう。そこで、揺らしてみることが大切になるのです。

「自分はわかっていない」と感じる経験こそが大切

重要なのは、揺らしてみて「自分はわかっていない」と感じたとしても、けっしてがっかりすることはないということです。

おそらく、たいていの人は、勉強をしていて、「ああ、自分はわかっていないんだな」と感じると落胆すると思います。せっかく勉強をしたのにわからないのですから、なるべくそんな気分にはなりたくない。そこで、そんな気分を味わわないために、多くの人は勉強した内容を揺らすことを避けて、脇目もふらずに勉強を先に進めようとしがちです。

例えば、本を3分の2ほど読んだところで、「もしかすると、自分はわかっていないかもしれない」という不安が頭をもたげたとしましょう。でも、がっかりしたくないから、それを確認することなく（つまり、揺らすことなく）、早く1冊を読み切ってしまおうとするわけです。

勉強の目的が、単に試験に受かるためならそれでもいいのですが、学問を修めるという目的からすれば、それではは本当にマスターしたことにはなりません。「わかっていなかったかも」と感じて、また前のところに戻ってじっくり考える——そうしたことを繰り返したものほど、自分の身につくものだからです。さらさらと読めては身につかないのです。

「揺らしながら読む」というのは、前にも書いた「疑いながら読む」と言い換えてもいいでしょう。ここでいう「疑い」には二つの種類があって、一つは著者が書いていることに対する疑い。もう一つは、自分が本当にわかっているかということに対する疑いです。

私の中では、著者の言っていることが本当かという疑いと、自分が本当にわかっているのかという疑いとは、ほとんど区別がありません。結局のところ、その両者は同じことだと思うのです。自分の側に疑いの比重が置かれれば「自分がわかっていない」と思い、著者の側に比重が置かれれば「著者の言っていることはおかしい」と思うわけです。

データ集のような本は別として、ほとんどの学問の本というものは、そういう態度で臨んでいかないと本当の意味で身につきませんし、何かに応用したり、直面する状況に応じて臨機応変に自分の中から取り出して使えるようにはならないのです。

むしろ、勉強している過程で「自分はわかっていないのかもしれない」と感じる瞬間をどれだけ経験したかというのが、実はわかるということなんだとさえ私は思っています。

学びの成果をアウトプットする

人に伝えようとすることで学びはさらに深まる

せっかく何かを勉強しているなら、最終ステップとして、学びの成果を文章にして、第三者に伝えるという作業を、ぜひやってほしいと思います。文章という形にすることは本人にとっても大きな意味があるからです。

よく言われることですが、人に伝えようとしてみることで、自分がいかに理解できていないかがわかり、結果的に自分の理解度も深まります。実際、私自身もこの本を書くことで、独学の意味や仕方等について、ずいぶん頭の整理ができていなかったことに気がつき、そして、改めて勉強をすることの意義や重要性を確認することができました。書くこと、とくに人に伝えようとして書くことは、とても大切なことなのです。

一般の人ならば、論文を書くというのはちょっと大変かもしれません。でも、今ならブログやSNSで自分の考えを発表するという方法もあります。しっかりとしたことを書いていれば、誰かが読んでくれたり、検索で引っかかったりする可能性も出てきます。その結果、多くの人の目に触れることになるかもしれません。ぜひ、いろいろな発表の仕方を試してみてほしいと思います。

でも、そんな大それた文章を書くなんて、無理だと思う人もいるかもしれません。もちろん、最初は、もっと簡単なところからでいいのです。人に伝えるためではなく、自分の備忘録的なものでもかまいません。少しずつでも、自分が考えていることを書いていくことで、自分の頭が整理されてきますし、書くことにも慣れてきます。

ここで、文章を書くときに頭に入れておいてほしいポイントが二つあります。

自分の言葉で書く

一つ目は、何よりも「自分の言葉で書く」ということです。難しいことではありますが、これは自分の理解を深めるうえで、とても良い練習になります。自分の言葉にするということは、受け入れた情報や知識を鵜呑みにしてそのまま出すのではなく、いったん自分の血や肉にしてからアウトプットする作業だからです。

前の章で、私は、要約をしないようにと言いました。それなのに、文章を書け、なんて矛盾したことを言っていると思われるかもしれません。けれども、「要約をする」ことと、ここですすめている「書く」という作業とには大きな違いがあります。それが、この「自分の言葉で書く」という点です。

とはいえ、それが最初はなかなか難しいことも事実です。初めての人が論文を書くと、多くの場合、専門書の切り貼りのようになってしまいがちです。とくに立派な論文を書こう、間違ったことを書かないようにしようと、強く思うほどそのパターンになりがちです。

論文とまでいかなくても、例えば学生のレポートを見ていてもそれを感じます。専門的な内容になればなるほど、他人の文章を寄せ集めたようなレポートが多くなりがちです。

でも、残念ながらそれを続けていても、考えは深まっていきません。極端に言えば、受け入れた情報や知識を、鵜呑みにして出していることと同じだからです。少しずつでもいい。そして拙《つたな》い言葉や文章でもいいから、自分の言葉で書いてみること、さらには、できるだけ自分の考えていることを文章にしてみるクセをつけることが大切です。

その際、大事なポイントとなるのは、さきほども言ったように、熟成させることです。すぐに答えを出すのではなく、自分の中で時間をかけて、集めた情報をもとにして、あれこれと考えてみることです。そうして少し時間をかけてから、文章を書く工夫をしてみましょう。

当たり前のことですが、情報は、それを単に自分の中に入れてそのまま出すだけでは、残念ながら何かを生み出してくれることはありません。この本の最初のほうで言ったように、何らかの加工作業がないと、インプットと違うアウトプットは生み出せないのです。

だから、自分が仕入れた情報そのままで、何かを書こうとしても、特別なことが書けず集めた情報を断片的に書いただけという結果になるのは、ある意味では当たり前です。とにもかくにも、自分の中で時間をかけて考えて、入ってきた情報を加工し、熟成させていくプロセスが必要なのです。

逆に言えば、そういったプロセスをしっかり経れば、自分の言葉で文章を書くことは、きっと難しくないはずです。

当然ながら慣れていないと、独りよがりな文章になることもあるかもしれません。でも、まずはそれでもかまわないのです。独りよがりであろうと何であろうと、自分で考えて自分の言葉で文章を書いてみること。それが、最初のステップとしてはとても大切なのです。

そして、だんだんと慣れてきたら、ほかの人の意見と自分の意見とを比較したり、あるいは賛成や反対をしたりということもできるようになってくるでしょう。また、いろいろなデータや情報等を使って、自分の意見を補強することもできるようになってくるはずです。でも、そんな高度なことや専門性の高いことをいきなりやる必要はないのです。まずは、簡単なところから、自分の言葉で語ることからはじめてみてください。

やさしく書く

もう一つは、できるだけ「やさしく書く」ということです。それは、けっして幼稚な言葉遣いという意味ではありません。わかりやすい文章を書こうという意味です。

例えば、私のゼミでは経済学の本を学生に書かせるのですが、その際私が学生に言うのは、中学生や経済を知らないお母さん方にも理解できるように書いて、というアドバイスです。

私が何も言わないと、学生は頑張って格調高く書こうとしがちです。ところが、それでは読む人にとっては、かなり難しい文章になってしまいます。実は、書く側のほうが、中学生を対象にしているつもりで書いて、ようやく大学生が理解できる程度の文章になるのです。

これは、学生が書く場合に限りません。基本的に書く側と読む側には、潜在的な認識のギャップがあり、書く側が相当やさしく書いたつもりでも、読む側にとってはかなり難しい文章になるのが通常です。

ですから、人に理解してもらおうと思ったら、できるだけやさしく書くことが大切です。そして、大事な点は、他人に対してだけでなく、自分が本当に理解するうえでも、やさしく書くことが大切だということです。

難解なことを難解なままに書くのは、実はそれほど難しいことではありません。それは、その難解な内容を、きちんと理解していなくても、できる作業だからです。しかも、難しい単語や構文を使うと、いかにも立派なことを書いているように見えるので、誰もがしばしばやりがちです。しかし、それだと、その内容が、本当に自分のものになっているかどうかが、実はよくわからない。

それに対して、やさしく書くというのは、本質的なことを理解していないとなかなか難しい。どれだけ自分の言葉でやさしく書けるか、それが学問を消化して自分のものとしているかの証明と言ってもよいでしょう。

ですから、やさしく書けるかどうかで、理解度を自分自身で確かめることができます。やさしい言葉で説明しにくいところがあれば、そこは自分の理解度が足りない部分だとわかります。だからこそ、やさしく書いてみることが、自分にとっても必要なのです。

独学そのものが論文を書く良いトレーニングになる

せっかくなので、論文を書くという作業についても少し説明をしておきましょう。研究者というのは、基本的には良い論文を書くことが仕事です。では、良い論文とはどんな論文でしょうか? 人によってあるいは分野によって多少意見が異なると思いますが、一般的に論文の評価は、どれだけ独創性があるか、オリジナリティがあるかで決まります。今までの人たちが言ってきたことと違うことがどれだけ言えるか、新しいことがどれだけ言えるかで、良い論文かどうかが決まります。ですから、受験勉強が得意というのとはちょっと違う能力を要求されます。理解力がいくら高くても、新しいことやおもしろいアイディアが出てこないと、研究者としては評価されません。

私の場合、自分一人で勉強してきただけに、本やテキストを読んだときに疑ってかかるクセはある程度身についていて、今から考えると、それは研究者になってとても役に立っています。何でもなるほどと思って納得してしまうと、論文は書けないからです。人が言ったことや書いたことを全部疑ってかかる。

本当にそうなのかと押し戻してみる。そこからアイディアが生まれると思うのです。

ですから、独学という過程は、実は論文を書く良いトレーニングになっているのです。この本を読んでいるみなさんも、論文なんてと思わずに、ぜひ論文を書くことにもチャレンジしてみていただければと思います。

コラム

ゆっくり、自分の道を見つけよう

大学の研究者というと、世間では、優秀な人と思われているのかもしれません。でも、研究者にもいろいろなタイプの人がいて、本当に多様です。最初に理解するのに時間がかかるけれども、ちゃんと深く理解ができるタイプの人や、聞いたことをすぐに理解できるけれども、それがなかなか深まらないタイプの人もいます。それは、どのタイプが優れているとか劣っているとかではありません。それぞれ自分のタイプに合った勉強の仕方や知識の深め方をしていきながら、頑張っているというのが実情です。

実際、学者の世界では、試験向きの能力は全然ないけれども、すごく良い論文が書ける人、良い業績が上げられる人も実はたくさんいます。ですから、もし、みなさんの中で受験がうまくいかなかったというだけで自分に能力自体がないと思い込んでいる人がいたら、それは非常にもったいないことだと気づいてほしいのです。私の身のまわりを見ていても、受験勉強のような勉強が不得手でも、論文を書いたり経済学を理解する能力は抜群にある人はとても多いのですから。

それから、もう一つ。ぜひ、あせらないで、ゆっくり勉強をしてください。成果を出すことについてもそうですし、この本で説明してきたような勉強の仕方についてもそうです。けっしてすぐに身につかなくても、あせる必要はありません。ゆっくり自分に合うものを探して、身につけていけばいいのです。

何となく、速くいろいろなことがこなせるほうが優秀だと考えがちで、成果が出るのが遅いと駄目なのではないか、ついていけなくなるのではと心配してしまいがちです。でも、この本の中でも何度か強調してきたように、けっしてそんなことはないのです。速いから優れているというわけではありません。大事なことは自分のペースで進むことです。そして、独学のいいところは、自分のペースでできるところにあります。

ですから、ぜひ、あせらずゆっくりと、自分に合った勉強の仕方や、自分のペースを発見して、勉強の本当の楽しさを感じてほしいと思います。

あとがき

本書では、自ら学ぶことの意義をいろいろと説明してきましたが、これからは、学びを巡る環境も大きく変化する時代だと思っています。すでに気づいている人も多いかもしれませんが、大学の講義をネットで無料公開する動きが急速に広がっているからです。今は、まだ海外の大学による英語の講義が中心ですが、日本語による講義の公開もこれから急速に進んでいくことでしょう。

海外の著名大学教授による講義を、自宅に居ながらにして観ることができるというのは、少し前だったらとても考えられなかったことです。しかもネットを通じた講義なので、時間的な制約もありません。いつでも好きなときに、自分のペースで勉強することができる。まさに、独学にぴったりの環境が急速に整ってきているのです。

この大きな変化は、やがて学校教育のあり方も大きく変えていくことでしょう。私の予想では大学も、近いうちに抜本的に変わっていかざるをえないと思います。

現在は、まだ一方的に流すだけのネット講義ですが、やがてネットを通じて、質問を受けつけたり、試験が受けられるようになっていくでしょう。そうなれば、今まで大教室で行っていたような講義はネットを通じた講義に置き換わっていきます。基本的な科目はネット講義で履修し、そこである程度の単位を取った人が大学で学ぶ。大学は、ネットを通じた講義ではなかなか難しい、少人数のディスカッションや実験等に特化した教育を行う。そんな時代が、きっと遠くない将来にやってくるはずです。

そこまでの大きな変化が生じなくても、これからは自分のペースで主体的に学ぶことのできる機会が、今までよりもずっと増えていくはずです。その機会をみすみす逃す手はありません。でも、肩ひじを張って構える必要もないのです。本書で何度か強調してきたように、あせらず、いいかなと思う方向に少しずつ進んでみて、うまくいかなかったら引き返す、そんな試行錯誤を繰り返して、少しでも学びの幅が広がっていけばそれで十分なのだと思います。

グローバル化や情報技術の急速な発展によって、社会は大きく変化をしようとしています。自分の職場環境や仕事の将来に漠然とした不安を抱いている人も多いのではないでしょうか。また、今こんな勉強をしても、将来本当に役に立つのだろうかと疑問に感じている学生の方も少なくないかもしれません。

でも、将来がどう大きく変化していくかわからない時代だからこそ、それに備えていろいろなことを学んでおく意義は大きいと思うのです。必ずしも、将来に直接役立たなくてもかまわないのです。たとえ、変化の方向と一致した勉強でなかったとしても、しっかり考えて学んだという経験は、大きな自信となります。また、自分の関心がある分野についての視野を広げておけば、思いがけない方向に社会が動いたときでも、それに迅速に対応する力をもたらしてくれるはずです。

このように将来の変化に備えるうえでも独学は有効であり、新しい未来を切り拓くカギになってくれるのだと思います。本書が、みなさんの未来のために、ほんの少しでも役立つことがあればこんなにうれしいことはありません。

文庫版のためのあとがき

本書が単行本として発行されてから、三年あまりが経ちました。思いがけず多くの方々が読んでくださり、また書評などでも取り上げていただき、著者としては望外の喜びです。

この間に、世の中で大きく変わったことといえば、やはり人工知能の発達が挙げられるでしょう。本書執筆当時も、今後人工知能に関する技術革新は、世の中を大きく変えていくだろうと考えてはいました。けれども、予想をはるかに超える形で、技術革新が起き、かつ、それを世間の多くの人々が知ることとなりました。技術の進歩が世の中に広く知れ渡った結果、かなりの人が、自分達の仕事が奪われてしまうのではないか、これから自分達に必要な能力はどんなものだろう、と考えるようになったのは、ここ数年の大きな変化だと言えるでしょう。

また、それに対応する形で、「何歳になっても、新たな知識や能力を身につける必要がある」と考える人が増えてきたのも、近年の大きな特徴と言えるかもしれません。その原因の一つは、世の中が大きく変わると、マスコミでしばしば取り上げられるようになったからでしょうが、もう一つは、日々の生活や仕事の場面で、変化のスピードの速さを実感することが増えたからだろうと思います。変化を実感し、その結果、何かを学びたいと思う人が増えてきているように思います。

このような時代だからこそ、より一層、独学の必要性は高まっている気がします。学ぶ意欲が高まっていても、何か新しい知識を身につけたいと考えていても、実際には、そのためにまとまった時間を割ける人はまれでしょう。毎日、仕事に追われているし、大学や専門学校に通う時間はとてもとれない。そんな人にこそ、空いている時間に、自分のペースで勉強ができる独学が向いているからです。

本文でも書いていますが、独学だからといって、必ずしも「一人きり」で勉強をする必要はないのです。ＳＮＳを使って友人同士励まし合ったり、教え合ったりしながら勉強してもいいでしょう。最近は、ネット上に公開されている講座なども増えてきています。そういうものを積極的に活用するのも有効だと思います。また、少しまとまった時間がとれるようになったら、大学の講座等に出席して勉強してもかまいません。一人きりにこだわる必要は必ずしもありません。大事なことは、自分のペースで、自分が大事だと思うことを学ぶ姿勢なのですから。

一方、人工知能が急速に発達したことによって、人間が相対的に持っている強みは何なのだろう、それを伸ばすにはどうしたらいいのだろうと、多くの人が考えるようになっています。現状、人間には多くの側面で強みがあることもわかってきていますが、その中でも重要なのは、今までに経験したことのない問題を解決していく能力でしょう。

そして、国際情勢をはじめとして、世の中はますます不確実になり、良い面でも悪い面でも、何が起こるかわからない、予想もしない大きな変化が生じ得る現代においては、そのような新しい問題を解決する能力がますます重要視されてきています。

それでは、そんな能力はいったいどうしたら身につくのでしょうか。私は、それには「試行錯誤」をたくさん経験することが有効だと思うのです。

それは、道をよく知っている人に案内してもらうと、かえって道を覚えないのと、よく似ています。自分で迷ってうろうろした場所ほど、道を覚えるものです。そして、そのような試行錯誤を経験した人は、まったく新しい場所に行っても、いつもガイドさんに案内してもらっている人に比べて、道を探して目的地に着くのが上手です。

それと同じで、どんな問題や課題についてであれ、手探りで解決策を探し、試行錯誤してうろうろした経験のある人ほど、新しい問題に直面したときに、強みを発揮できる場合が多いのです。それは、手探りをした経験を生かすことで、目の前の新しい問題を試行錯誤しながらでも解決していけるようになると同時に、何よりも自信を持ってその問題にあたることができるからだろうと思います。

似たような課題に直面したことがなくてもいいのです。まったく新しい場所でも力を発揮できるように、試行錯誤した経験のある人は、まったく違う事柄に対しても、強みを発揮できる場合が多い気がします。

そして、そのような試行錯誤を経験して、新しい問題を解決する能力を身につけるには、やはり独学が有効だと思うのです。なぜなら、独学こそが、ガイドさんに頼らずに自分で道を探して歩くことだからです。

旅行に行った際に、自分で目的地を探して道を探してみようと思う人でも、こと勉強のこととなると、「誰かにきちんと教わらないとダメなのではないか」「試行錯誤したり迷ったりせず、最短コースで覚えなければ」と思いがちです。けれども、自分で悩みながら、迷いながら読んだ本のほうが、実は頭によく入るし、いざ新しい問題に直面した際に、解決策を見つけやすいと思うのです。

その意味で、人工知能が発達すると言われている今だからこそ、人工知能に負けない、新しい問題に対処できる、人ならではの能力を高めていくのに、独学がかなり有効だと思うのです。

独学で勉強することで、足踏みをしたり、右往左往したり、わからなくなってうろうろしてもいいのです。そのほうが、むしろ人工知能に負けない能力を身につけるのに役立つのですから。

本書を手に取られたことが、小さくてもいいから、そのようなステップを踏み出すきっかけになれば、幸いです。

柳川範之

２０１７年10月

＊本書は、二〇一四年に当社より刊行した著作を文庫化したものです。

草思社文庫

東大教授が教える独学勉強法

2017年12月8日　第1刷発行
2025年6月13日　第17刷発行

著　　者　柳川範之
発 行 者　碇　高明
発 行 所　株式会社 草思社
〒160-0022　東京都新宿区新宿1-10-1
電話　03(4580)7680(編集)
　　　03(4580)7676(営業)
　　　http://www.soshisha.com/

本文組版　有限会社 一企画
印 刷 所　中央精版印刷 株式会社
製 本 所　中央精版印刷 株式会社
本体表紙デザイン　間村俊一

ISBN978-4-7942-2307-4　Printed in Japan